Universidad del
Rosario

PODER BLANDO Y DIPLOMACIA CULTURAL

ELEMENTOS CLAVE DE POLÍTICAS EXTERIORES EN TRANSFORMACIONES

Poder blando y diplomacia cultural. Elementos clave de políticas exteriores en transformaciones / Mauricio Jaramillo Jassir (editor académico) - Ricardo Alberto Baquero Hernández y otros autores. – Bogotá : Editorial Universidad del Rosario, Facultades de Ciencia Política y Gobierno, y de Relaciones Internacionales, 2015.

xiv, 141 páginas. – (Colección Textos de Ciencia Política y Gobierno, y de Relaciones Internacionales)

Incluye referencias bibliográficas.

ISBN: 978-958-738-696-7 (impreso)
ISBN: 978-958-738-697-4 (digital)

Relaciones internacionales y cultura / Diplomacia / Países del BRIC – Relaciones culturales / I. Jaramillo Jassir, Mauricio / II. Universidad del Rosario. Facultad de Ciencia Política y Gobierno / III. Universidad del Rosario. Facultad de Relaciones Internacionales / IV. Título

327.2 SCDD 20

Catalogación en la fuente – Universidad del Rosario. Biblioteca

jda Septiembre 7 de 2015

Hecho el depósito legal que marca el Decreto 460 de 1995

PODER BLANDO
Y DIPLOMACIA CULTURAL
ELEMENTOS CLAVE DE POLÍTICAS EXTERIORES EN TRANSFORMACIONES

Mauricio Jaramillo Jassir
—Editor académico—

Universidad del Rosario

Facultades de Ciencia Política y Gobierno,
y de Relaciones Internacionales

Editorial Universidad del Rosario
Carrera 7 No. 12B-41, of. 501 • Tel: 2970200 Ext. 7724
editorial.urosario.edu.co

Primera edición: Bogotá, D.C., noviembre de 2015

ISBN: 978-958-738-696-7 (impreso)
ISBN: 978-958-738-697-4 (digital)

Coordinación editorial: Editorial Universidad del Rosario
Corrección de estilo: Sebastián Montero Vallejo
Diagramación: Martha Echeverry
Montaje de cubierta: Kelly Narváez
Impresión: Xpress. Estudio Gráfico y Digital S.A.

Impreso y hecho en Colombia
Printed and made in Colombia

Fecha de evaluación: 28 de octubre de 2014
Fecha de aceptación: 1º de junio de 2015

Contenido

Prólogo

¿De qué forma se puede evaluar el poder de los actores más influyentes del sistema internacional en plena globalización y cuando la unipolaridad y el militarismo extremos parecen haber quedado atrás? Se trata de una de las preguntas más relevantes de las últimas décadas para la comprensión de la disciplina de las relaciones internacionales.

En el pasado, el sistema internacional estaba condicionado por la bipolaridad, es decir, por una distribución de poder que favorecía la coexistencia competitiva entre dos grandes potencias, la Unión Soviética y Estados Unidos. Sin embargo, con la disolución de la primera, se allanó el camino para que nuevos poderes emergieran, y nuevos recursos disociables de lo militar se hicieron más evidentes.

Con la globalización ganó vigencia el poder blando como recurso de incidencia efectiva, desafiando la tenencia de recursos de poder militar como principal insumo para una reputación en el ambiente global. De esta forma, se empezó a generar una consciencia sobre la necesidad de ejercer influencia por las posibilidades de atracción de las que un Estado o una nación puedan disponer, y no tanto por la capacidad de imponerse sobre otro.

Este cambio sobre la forma de percibir el poder fue el resultado de errores crasos cometidos tanto por Estados Unidos como por la Unión Soviética. La paranoia absurda del conflicto bipolar los llevó a intervenciones militares que hicieron mella en su imagen y pusieron en tela de juicio la viabilidad del liberalismo y del capitalismo. En la versión más radical de cada uno de esos sistemas se negaban rasgos culturales que debían ser removidos en pro del funcionamiento de un sistema valores con aspiraciones universales.

En contraste, el entorno de la globalización ha abierto las puertas para que surjan temas como los derechos humanos, el ambiente, las migraciones, las cuestiones de género, y un campo inabarcable que refleja el interés de este libro: la cultura. Esta se ha convertido en los últimos años en un insumo de política exterior de los

Estados, y es difícil encontrar un régimen que no trate de aprovechar algunos de sus rasgos culturales con el fin de promover sus intereses nacionales.

Ahora bien, uno de los propósitos de este libro consiste también en complejizar el tema, evitando las percepciones simplistas de nociones como poder blando, *smart power* o diplomacia cultural. Por ende, se parte de la base de que su puesta en práctica no es fácil y que, por el contrario, su aplicación no está exenta de múltiples dificultades y que acarrea debates éticos.

El propio Joseph Nye Jr. (quien acuñó el término *poder blando*) reconoce al menos dos dificultades protuberantes para incluir el concepto en una estrategia de política exterior. Primero, los resultados de un plan de este tipo solo se observan en el largo plazo, pues la imagen de una nación difícilmente puede ser cambiada en un periodo de tiempo corto.

Segundo, los recursos e instrumentos del poder blando no dependen de los gobiernos, y en ocasiones quienes terminan manejando este tipo de mecanismos no son actores gubernamentales, sino privados cuyos intereses no siempre coinciden con aquellos de los Estados. Además, cuando un Gobierno intenta hacer uso de las tecnologías de la información en pro de su imagen, esto se puede interpretar como una forma de manipulación o, en otros escenarios, de limitación de las libertades de los medios de comunicación, como ocurre a menudo con gobiernos autoritarios que los usan para favorecer su popularidad.

A estas dificultades se debe añadir un dilema ético sobre la cultura y la política exterior. Como es de suponer existe un complejo debate sobre la instrumentalización de la cultura en aras de una política estatal o gubernamental. ¿Es legítimo asumir la cultura como un medio de política exterior? ¿Significa un retroceso que la cultura no sea un fin que se deba defender, mantener y promocionar, sino que se convierta en medio? ¿Qué tanto puede cambiar la cultura desde la política? ¿La diplomacia cultural apoya, promueve y favorece el exotismo?

Se trata de cuestionamientos fundamentales, cuya respuesta excede las posibilidades reales de este libro. El presente documento pretende tan solo introducir el tema con algunos ejemplos concretos, obtenidos de casos de política exterior en los que han sido observables tanto el poder blando como la diplomacia cultural.

Esto supone dejar en libertad al lector para que emita un juicio acerca de la inquietante pregunta sobre la viabilidad ética de percibir a la cultura como medio de política exterior. Los casos que aquí se presentan reflejan una diversidad de aplicaciones tanto del poder blando como de la diplomacia cultural, en distintas zonas del mundo y con alcances dispares.

Entre los autores también se aprecia una diversidad de testimonios sobre la cultura y la política exterior. Mauricio Jaramillo introduce el tema desde dos ángulos, el histórico y el conceptual, con ejemplos que ilustran la irrupción de la cultura como tema de peso en la agenda internacional, en contraste con el papel secundario que llegó a representar. Se trata de un capítulo introductorio que ubica al lector en el contexto, para luego ver los casos específicos que son abordados por el resto de autores.

Juan Nicolás Garzón Acosta presenta un estudio revelador sobre las proyecciones de los BRIC, que configuran un actor que en el último tiempo se ha convertido en agente de multipolaridad. El caso revela con precisión la manera como la economía y los intercambios constituyen un poderoso instrumento de persuasión que ha permitido al mencionado bloque condicionar temas vitales de la agenda global.

Massimo Di Ricco, por su parte, nos presenta los resultados de un proyecto de investigación que muestra con un nivel apreciable de concreción el sincretismo cultural que ha venido teniendo lugar en Colombia. Para ello recrea el escenario particular de la comunidad colombo-árabe, uno de los ejemplos más representativos del diálogo de culturas en América Latina.

Mehmet Özkan pone en evidencia el alcance y las posibilidades del poder blando y de la diplomacia cultural en Turquía. Se trata de un caso apasionante, pues es una de las naciones con mayor proyección en el último tiempo. Los datos y el análisis de Özkan facilitan una comprensión cabal de la política exterior turca en las últimas décadas, desde una óptica poco tratada en estas latitudes.

Ricardo Baquero introduce el tema asiático con un análisis de China y Japón, y muestra con un volumen significativo de evidencia empírica uno de los casos más paradigmáticos en cuanto a poder blando se refiere. El trabajo de campo y el conocimiento que por años el autor ha acumulado son notables.

Mario Urueña Sánchez contribuye original y pertinentemente al explicar el uso de la cultura a partir de la geopolítica. Su capítulo invita a una reflexión genuina acerca de las posibilidades de la geopolítica popular para explicar el tema del poder blando.

El texto cierra con dos contribuciones escritas en un tono más ligado a la cultura que a las relaciones internacionales o a la ciencia política. Es, en últimas, un tributo —distanciado sanamente de ambas disciplinas— a la cultura caribeña y a la contribución de Gilberto Freyre, y a la cultura griega desde la Hélade. Alessandro Candeas y Georgia Kaltsidou muestran la riqueza indiscutible de la cultura, más allá de su legítima o ilegítima instrumentalización para la política exterior.

El libro no tiene una ambición distinta a la de estimular una reflexión sobre el alcance de la cultura en la política exterior de los Estados. Se sabe que la diplomacia y la política exterior constituyen un campo de estudio de las relaciones internacionales en constante expansión e imposible de agotar en un solo sentido o un una sola lectura. En consecuencia, el libro pretende constituir un insumo en la comprensión de una temática delimitada y particular. El lector que opte por adentrase en el fascinante tema de la cultura y de la gestión de la política exterior, encontrará preguntas y algunas respuestas que le permitirán entender en su real dimensión la forma como los atributos que definen a las potencias y a los actores influyentes del sistema internacional han venido transformándose con el paso de los años. Se trata de un cambio que no debe pasar inadvertido para aquellos interesados en la cultura y en la política exterior.

Finalmente, vale la pena subrayar el interés del Centro de Estudios Políticos e Internacionales (CEPI) de la Universidad del Rosario por participar activamente de reflexiones sobre dinámicas que afecten el curso de las relaciones internacionales y de la política exterior colombiana. El libro es el resultado del proyecto de investigación sobre el poder blando y la diplomacia cultural de Turquía y sus lecciones para Colombia, financiado por el Fondo de Investigaciones de la Universidad del Rosario (FIUR) entre 2013 y 2014. Para su ejecución no solo se contó con los recursos importantes de ese fondo, sino con el apoyo logístico del CEPI, que con este documento corrobora una vocación investigativa y de difusión de resultados.

Poder blando y diplomacia cultural, una dinámica reemergente en las relaciones internacionales

Mauricio Jaramillo Jassir*

Introducción

El propósito central de este texto consiste en analizar desde varios planos la manera como la cultura se ha venido convirtiendo en un tema central en la agenda exterior de los Estados. Desde hace varias décadas, la evolución de los atributos de poder en la vida internacional constituye una tendencia difícilmente refutable, y con la aparición de conceptos como poder blando y diplomacia cultural ha quedado en evidencia la fuerza que han adquirido los recursos intangibles en la proyección de los Estados.

Es tal la propagación de la cultura a través de nuevas formas de comunicación que sobrepasan los canales diplomáticos de las naciones, que dichos vínculos salen del control del Estado y pueden ser un medio de mayor alcance que la propia diplomacia.

La globalización ha acelerado este proceso, y ha favorecido a la cultura como insumo de la política exterior, desatando con ello un debate sobre su instrumentalización en favor de los intereses de un Estado. A pesar de que se insista en que la cultura sirve para unir a las naciones, es evidente que el mundo aún está lejos de haber alcanzado semejante nivel de entendimiento.

Más allá del alcance real de la cultura, este texto aspira a presentar de manera reseñada la forma como el tema no solo se insertó en las dinámicas de las relaciones internacionales en el contexto de la posguerra Fría y de la globalización, sino los debates y dilemas que la utilización de la cultura ha suscitado.

---

* Profesor de las Facultades de Ciencia Política y Gobierno, y de Relaciones Internacionales de la Universidad del Rosario.

Para ello, el documento está dividido en tres secciones. En la primera se observa la manera en que la cultura como a*sunto* fue incorporada a la agenda global en medio del debate sobre el polémico y rebatido trabajo de Samuel Huntington sobre el choque de civilizaciones y el también controvertido artículo de Francis Fukuyama sobre el fin de la historia con la desaparición de la Unión Soviética. En la crítica a ambos documentos, reposan las bases de quienes reivindican una comunidad internacional multicultural donde no prevalezca Occidente como un sistema de valores superior. En la segunda sección, se introduce la idea de diálogo de civilizaciones como respuesta a la tesis de Huntington y se describen de manera sucinta las bases del debate sobre universalismo, cosmopolitismo y uniformidad. En esta parte se combinan las alusiones al estoicismo como principio del cosmopolitismo y al idealismo kantiano como sustento de este, con la evidencia histórica que muestra la dificultad de establecer valores de aplicación universal. En esa discusión también se apela a François Jullien, quien explora el debate e introduce elementos de análisis. Finalmente, se aborda la diplomacia cultural desde un ángulo crítico, insistiendo en la polémica que su aplicación genera al someter los valores culturales a los intereses políticos. Con casos concretos se busca introducir al lector en la complejidad que entraña la diplomacia cultural pero que no es visible en el discurso oficial que manejan los Estados cuando acuden a ella como insumo de su política exterior.

La irrupción de la cultura en las relaciones internacionales

En las relaciones internacionales contemporáneas los conceptos de poder blando y diplomacia cultural han venido ganando terreno. Con el fin de la Guerra Fría se dio una época de optimismo global que para algunos analistas debía redundar en la pacificación del mundo. De todos los autores que veían tal posibilidad, tal vez quien más ha sobresalido ha sido Francis Fukuyama, quien en su polémico ensayo sobre el fin de la historia, sugiere la expansión global de valores liberales que debían redundar en una época de paz y armonía a escala mundial.

> El triunfo de Occidente, de la "idea" occidental, es evidente, en primer lugar, en el total agotamiento de sistemáticas alternativas viables al liberalismo occidental. En la década pasada ha habido cambios inequívocos en el clima intelectual de los dos países comunistas más grandes del mundo, y en ambos se han iniciado significativos movimientos reformistas. Pero este fenómeno se extiende más allá de la alta política, y puede observársele también en la propagación inevitable de la cultura de consumo occidental en contextos tan diversos como

> los mercados campesinos y los televisores en colores, ahora omnipresentes en toda China; en los restaurantes cooperativos y las tiendas de vestuario que se abrieron el año pasado en Moscú; en la música de Beethoven que se transmite de fondo en las tiendas japonesas, y en la música rock que se disfruta igual en Praga, Rangún y Teherán. Lo que podríamos estar presenciando no solo es el fin de la Guerra Fría, o la culminación de un periodo específico de la historia de la posguerra, sino el fin de la historia como tal: esto es, el punto final de la evolución ideológica de la humanidad y la universalización de la democracia liberal occidental como la forma final de gobierno humano (Fukuyama, 1988).

Inmediatamente la idea de Fukuyama fue refutada, no solo por escépticos que veían poco probable la profusión de la democracia, sino por el propio curso de la historia, en el sur de Europa y en el África de los Grandes Lagos. Ambas regiones fueron escenario de conflictos cuya envergadura, y especialmente el costo humanitario, testimoniaban hasta qué punto el mundo estaba lejos de una pacificación global.

Una vez colapsada la Unión Soviética, en los Balcanes occidentales surgieron las tensiones entre Serbia, de un lado, y Eslovenia, Croacia y Bosnia Herzegovina, por otro, quienes perseguían el ideal de la autonomía y luego de la independencia. Aquello derivó en una guerra civil que tuvo como paroxismo el genocidio de Srebrenica en 1995, donde murieron más de 8000 refugiados bosnios a manos de paramilitares serbios (Traynor, 2010).

Paralelamente, en Ruanda el genocidio en contra de la población tutsi luego de la muerte del presidente Juvénal Habyarimana puso al descubierto las tensiones entre varios Estados de la zona que habían estallado como consecuencia de la caída del dictador Mobutu Sese Seko y que estaban dormidas en la lógica de la Guerra Fría.

Con estas tragedias humanitarias, quedó poco espacio para el optimismo y, en contraste, la polémica y rebatida idea de "un choque de civilizaciones" tal como lo planteó Samuel Huntington se vigorizó. La idea del norteamericano era simple y esquemática. Así como en el pasado, el móvil de las guerras había sido lo ideológico, como en Afganistán, Biafra, Corea y Vietnam, en adelante el motivo de los conflictos armados sería otro:

> It is my hypothesis that the fundamental source of conflict in this new world will not be primarily ideological or primarily economic. The great divisions among humankind and the dominating source of conflict will be cultural. Nation states will remain the most powerful actors in world affairs, but the

> principal conflicts of global politics will occur between nations and groups of different civilizations. The clash of civilizations will dominate global politics. The fault lines between civilizations will be the battle lines of the future (Huntington, 1993, p. 22).

Paradójicamente, y aunque lo expuesto por Huntington es bastante refutable, como se verá, aquello mostraba en detalle la importancia que la cultura iba a tener durante la década de los noventa y en lo transcurrido del siglo XXI.

Vale decir, que el esquema propuesto por el autor estadounidense fue atractivo, pues parecía dar cuenta de lo que ocurría en el mundo, especialmente por lo ocurrido en los Balcanes y en África. Es más, se podría decir por la envergadura de lo sucedido que aquello parecía otorgarle razón a los argumentos de Huntington.

Si esto resulta cierto, ¿por qué lo expuesto por el autor de "Choque de civilizaciones" recibió críticas tan duras? El argumento al que más se alude para fustigar ese texto consiste en las generalizaciones sobre las civilizaciones y las culturas. Ciertamente, se podría llegar a la conclusión de que la lluvia de críticas y de contraargumentos al artículo aparecido en *Foreign Affairs* en septiembre de 1993 testimonia una apropiación de la cultura por parte de académicos de varias disciplinas, que veían en la posición de Huntington un simplismo inexcusable para quien pretendía entender el devenir global en la posguerra Fría. La denuncia de este vicio presente en la tesis de Huntington sugería la forma como los estudiosos de las relaciones internacionales carecían de conocimientos básicos sobre el tema cultural.

He aquí uno de los apartes más controvertidos del célebre artículo de *Foreign Affairs*:

> Civilization identity will be increasingly important in the future, and the world will be shaped in large measure by the interactions among seven or eight major civilizations. These include Western, Confucian, Japanese, Islamic, Hindu, Slavic-Orthodox, Latin American and possibly African civilization. The most important conflicts of the future will occur along the cultural fault lines separating these civilizations from one another (Huntington, 1993, p. 25).

En este apartado, se puede ver con claridad que Huntington aglomera a segmentos del mundo que aunque culturalmente parecen homogéneos distan de tal uniformidad. Tal vez el caso más visible sea el del mundo musulmán, cuya división entre chiitas y sunnitas ha provocado conflictos y guerras en la región del Medio

Oriente. A su vez, asumir el universo ortodoxo como una generalidad también denota una imprecisión inmensa para quien pretende entender el funcionamiento del mundo a partir de la idiosincrasia de las naciones.

A pesar de ello, el texto de Huntington tiene un valor para las relaciones internacionales, porque suscitó un interés vivo por comprender algunas de las culturas de Oriente que en el pasado se veían con los simplismos a los que aludió el autor. Por ejemplo, las aseveraciones de autores como Fukuyama y Huntington provocaron que la obra de Edward Said, que proclamaba ideas antagónicas a las ellos, se difundiera.

Said era uno de los intelectuales palestinos más connotados en la academia estadounidense (Columbia, Harvard, Stanford). En 1978, había publicado *Orientalismo*, un ensayo muy crítico sobre la forma en que algunas naciones de Occidente habían creado a través de una narrativa el simplismo de Oriente.

> [...] puede decirse que Occidente, durante los siglos XIX y XX, asumió que Oriente —y todo lo que en él había—, si bien no era manifiestamente inferior a Occidente, sí necesitaba ser estudiado y rectificado por él. Oriente se examinaba enmarcado en un aula, un tribunal, una prisión o un manual ilustrado, y el orientalismo era, por tanto, una ciencia sobre Oriente que situaba los asuntos orientales en una clase, un tribunal, una prisión o un manual para analizarlos, estudiarlos, juzgarlos, corregirlos y gobernarlos (Said, 1990, p. 64).

Este tipo de críticas promovió un enfoque más objetivo y menos sesgado a la hora de abordar la cultura, e hizo que se empezara a sobrepasar la idea de un sistema de valores occidental superior al de otras culturas. Ahora bien, no se puede desconocer que el debate sigue vigente y por la conducta de algunos Estados, la idea de una superioridad occidental en materia de valores sigue guardando vigencia en algunos contextos.

La respuesta al choque: el diálogo de civilizaciones

En este siglo, de manera particular, tiene sentido demandarse acerca de la supuesta superioridad occidental, y especialmente sobre las bases del discurso universalista que en la última década ha entrado en crisis, cediendo terreno a quienes promueven la idea según la cual el *particularismo* niega tal universalidad y reivindica las atipicidades de cada cultura.

Los cimientos del universalismo que para muchos obstruyen el diálogo de culturas pueden tener dos orígenes. El primero se podría rastrear a partir de los estoicos y la idea de cosmopolitismo introducida por estos y que trae consigo un plano universal. Y el segundo origen de esta tendencia se podría encontrar con el idealismo kantiano, que supone una de las bases más consolidadas de la universalización. En uno de los textos que aborda el estudio de lo *universal* en contraste con lo *común* el autor francés François Jullien describe el conjunto de ideas kantianas a este respecto:

> Kant tenía al menos el mérito [...] de no dejar espacio para la ambigüedad: la exigencia de una universalidad —universalidad en sentido estricto: de derecho— válido efectivamente tanto para la moral como para el conocimiento. Bajo esta premisa única, no hay margen para la diversidad de culturas —Kant [...] no se cuestiona sobre aquello, o más bien siquiera lo sospecha. Para él, un yo (sujeto) cultural no existe, ya que toda conducta humana está sometida por principio a la misma ley, concebida esta a partir de la universalidad propia de las *leyes de la naturaleza* que han servido para que la ciencia haya descubierto la necesidad lógica; en consecuencia este imperativo, siendo universal, solo puede ser único (Jullien, 2008, p. 22).

Al mismo tiempo, Jullien advierte algo esencial para la lógica de lo expuesto: así como existe una tradición universalista, es posible rastrear una contracorriente que disiente y se opone a esa uniformización, reivindicando la singularidad. Aunque parezca un debate superado, el mundo apenas presencia su iniciación (Jullien, 2008, pp. 28-29). El momento es ideal, no solo porque el contexto más sobresaliente sea el de la globalización, sino por algunos cambios en la política internacional que han derivado en un protagonismo de la cultura.

Siguiendo esta idea, es posible identificar al menos tres momentos que hacen de la cultura, un tema de la mayor relevancia en las relaciones internacionales, y justifican el tan nombrado de debate entre el diálogo o choque de civilizaciones.

En primer lugar, el triunfo de la revolución iraní en 1979, que sentó las bases para una tensión constante entre una parte del mundo musulmán y algunos Estados de Occidente, que hablando en nombre de su civilización decidieron aislar a ese régimen teocrático. Este es un momento clave para el debate sobre las culturas, porque traduce uno de los errores más crasos cometidos por algunas naciones de Occidente.

Se trató en su momento de asumir que el islam chií, al ser más ortodoxo que el sunní, era por lo tanto hostil a los valores liberales proclamados por Occidente, con el talante rebatiblemente universal del que se ha venido hablando. Desde ese entonces, Irán se ha convertido en uno de los referentes de anti-occidentalismo, aunque dependiendo del Gobierno de turno, ese discurso se ha flexibilizado o endurecido. Vale la pena recordar el mandato de Mohammad Jatamí y la elección reciente de Hassan Rohani. Se trata en ambos casos de políticos que han apostado por un acercamiento con Occidente, y han simpatizado por la idea de un diálogo entre culturas.

Otro momento fue el triunfo de la revolución maoísta en China, que no ha dejado de provocar un vivo debate acerca de la universalidad de los derechos humanos. Esta discusión no solo se ha presentado por el carácter universal de esas garantías, sino por la posibilidad de que un Estado privilegie una generación de derechos por encima de otra, como ocurre con los sistemas socialistas, en los que el colectivo prima sobre el individuo. El caso de la Republica Popular es llamativo por lo siguiente: el autoritarismo es innegable y se manifiesta en una represión constante contra los disidentes, y en las limitaciones al ejercicio de algunos derechos de primera generación. Pero, al mismo tiempo, el régimen tiene en su haber conquistas sociales de resaltable envergadura: desde hace 30 años, alrededor de 600 millones de personas han superado la pobreza (Shih, 2013).

Y el tercer episodio es la guerra de Biafra en Nigeria, y que constituye un caso fundamental en el debate sobre la universalidad de principios. Cuando un grupo de provincias declaró la independencia de Nigeria, estalló la guerra civil, que terminó en una tragedia humanitaria y en la muerte de miles de nigerianos por la situación de hambruna provocada por el desabastecimiento utilizado como arma de guerra, por las fuerzas nigerianas que luchaban contra la secesión biafreña. Este conflicto inauguró el debate sobre la posibilidad de intervenir en territorios donde los límites de la guerra fuesen rebasados y se diera la muerte de civiles protegidos.

Desde ese momento, se activó la idea del humanitarismo defendida por Bernard Kouchner y Mario Bettati (Bettati y Kouchner, 1987). Inspirada en el idealismo kantiano, se trata de defender los derechos de los individuos en algunas circunstancias concretas cuando estos son transgredidos y los Estados por acción u omisión son responsables de ello. Dicho de otro modo, el propósito es reivindicar lo *humano* por encima de lo estatal.

Estos tres momentos resumen tensiones y revelan las limitaciones del universalismo. A su vez, dejan entrever la forma como la defensa a ultranza del particularismo es utilizada para justificar las infracciones a los derechos humanos. En los últimos años, con la expansión de algunos grupos que promueven el islam radical en el norte de África y en Medio Oriente, el debate se ha complejizado. No obstante, una de las respuestas más contundentes a este dilema reside en el diálogo entre las culturas. Esto implica que haya una mayor comprensión sobre las diferencias entre las naciones, y que a través de la promoción de estas diferencias se entienda que las supuestas incompatibilidades entre los sistemas de valores y de pensamiento son más bien el producto del desconocimiento de otras culturas y no tanto de una hostilidad entre ellas.

La diplomacia cultural: ¿una forma de diálogo entre civilizaciones?

Ante el debate entre choque o diálogo entre culturas, un esquema de cooperación se puede desprender desde la interdependencia que marca la vida de las naciones en la globalización. A pesar de las diferencias entre los Estados, es innegable que la dependencia mutua es cada vez mayor, no solo por el comercio, sino por la visibilidad que han adquirido las culturas, gracias a las nuevas tecnologías y las posibilidades de comunicaciones que estas suponen.

Desde las relaciones internacionales, quienes más han enfatizado en los vínculos transnacionales entre Estados son los autores Robert Keohane y Joseph Nye, fundadores de la teoría bautizada como la *interdependencia compleja* (Keohane y Nye, 2001). Esta sugiere que la cooperación entre Estados no solo es un ideal, sino que desde lo práctico se pude conseguir y es viable.

Los autores hablan de tres características que marcan las relaciones entre los Estados y que son fundamentales para entender el papel de la cultura como elemento constitutivo de la diplomacia en el siglo xxi.

La primera de ellas sugiere la existencia de *múltiples canales* (Keohane y Nye, 2001, p. 21) que vinculan a los Estados y que sobrepasan el plano diplomático. Esto quiere decir que actores subnacionales pueden participar de la proyección de un Estado hacia el exterior. En el caso cultural la importancia de estos actores es incontestable, porque en varios casos de diplomacia cultural, son las comunidades las que protagonizan la política exterior.

La segunda característica está estrechamente ligada a la cultura. Keohane y Nye consideran que no existe un orden jerárquico para los asuntos internacionales (Keohane Nye, 2001, p. 21). Esto implica que en el contexto de la globalización, los temas militares y de seguridad, que tendían a ser observados como los más relevantes, han cedido terreno frente a otros como los derechos humanos, el medio ambiente, las migraciones, el desarrollo sostenible, y, por supuesto, la cultura. En la Guerra Fría, cuando primaba la bipolaridad y había tal inquietud por la posibilidad de destrucción mutua entre los dos grandes bloques, era normal que la seguridad fuese la principal área temática. No obstante, el fin de esa bipolaridad ha allanado el camino para que otros temas sobresalgan y tengan el valor que no se les daba durante la Guerra Fría.

Y por último, el papel del uso de la fuerza militar ha sido revaluado. Esto implica que habida cuenta de la interdependencia entre Estados, la cooperación en el plano de la seguridad y de la defensa es posible. Con ello, en varios casos donde la cooperación regional militar es un hecho comprobable, se puede afirmar que se ha superado el dilema de seguridad.[1]

En esta lógica de apertura y de cooperación el tema cultural tiende a sobresalir, y constituye una forma efectiva de lograr el acercamiento entre Estados. Bajo este esquema se entiende que algunas naciones hayan apelado a la *diplomacia cultural* como una forma de proyectar sus intereses en el campo internacional.

Se puede entender la diplomacia cultural como la utilización de patrones, rasgos y matices que caracterizan a una nación en función de su política exterior y rebasando en ello los canales formales diplomáticos. Aunque parezca contradictorio, la diplomacia cultural ha rebasado a la diplomacia, por esto último.

Se trata de una idea revolucionaria, porque constantemente se pensaba que los recursos de poder más efectivos eran los tangibles, pero con la irrupción de la cultura y del poder blando una profusión de instrumentos que contrastan con los que prevalecieron en la primera mitad del siglo XX tuvo lugar. Esta vez, se trata de recursos intangibles, que distan de la coacción que marcó la proyección de algunas potencias, especialmente de los dos grandes poderes durante la Guerra Fría.

Pero así como lo plantea Édgar Montiel, los atributos de poder cambian y con ello surgen nuevas formas de proyección:

> Países como China e India, de fuerte crecimiento económico, han comprendido que una presencia internacional basada solo en criterios económicos o militares no es suficiente. Poseedores de una tradición cultural acumulada durante siglos, que abarca diversos ámbitos —las ciencias, la arquitectura, la filosofía, la medicina o el arte culinario—, han reforzado considerablemente

---

[1] El dilema de la seguridad consiste en la sensación de vulnerabilidad de un Estado cuando otro aumenta sus capacidades militares.

> sus políticas culturales y su participación en la industria de bienes culturales. No es sorprendente el incremento de la presencia de películas realizadas en India (en Bollywood), no solo en salas europeas o norteamericanas, sino también en Kabul, en Santiago o en alguna ciudad de África. O el fuerte crecimiento de la industria china de bienes culturales, que pasó de 0,2 % en 1985, a la sorprendente cifra de 8,9 % de participación mundial en 1984. Una presencia en el mundo cuyo corolario quizás sean los Juegos Olímpicos de 2008 que se desarrollarán en Beijín. Tampoco debe admirarnos que dos recientes premios Nobel de literatura fueran concedidos a un novelista chino, Gao Xingjian, (2000) y —tan solo un año después— a un miembro de la diáspora hindú en el Caribe, V. S. Naipaul (Oficina de la Unesco para Bolivia, Colombia, Ecuador y Venezuela en representación ante el Gobierno de Ecuador, 2008, p. 25).

Édgar Montiel ha sido uno de los que más ha profundizado en materia de diplomacia cultural y en el uso de recursos no tangibles como instrumentos de política exterior. Del extracto anterior se puede concluir que las posibilidades de proyección de los Estados a partir de esta nueva dimensión son innumerables.

Claro está, esta utilización de la cultura ha despertado un debate acerca de la manera en que esta puede ser un medio para fines políticos, lo que genera polémica. No siempre esta diplomacia despierta consensos, porque la cultura como medio o instrumento encuentra disidencias. Esta idea, fuertemente arraigada en algunos círculos, no es nueva. Ello se puede percibir en algunos ejemplos de la historia y otros casos más recientes en los que el papel de la cultura ha sido fuertemente rebatido, cuando se ha puesto al servicio de un Estado o de alguna institución.

Uno de los casos más polémicos del siglo XX ocurrió cuando el entonces escritor soviético Boris Pasternak fue galardonado con el Premio Nobel de Literatura. En ese momento, se pensó que la selección de Pasternak constituía un apoyo a la disidencia soviética. Años atrás se sospechaba que el escritor era crítico del sistema y su amistad y correspondencia con Albert Camus era considerada por muchos como una muestra de rebeldía. Sin embargo, en 1958 terminó renunciando al galardón, evitando así la tortura y la persecución. Este caso puso de manifiesto los riesgos que comportaba la politización de la cultura. Tanto por parte del régimen soviético que aspiraba a que toda la creación artística promoviera el comunismo, como por parte de quienes hubiesen podido galardonar a Pasternak como señal política a la disidencia contra el comunismo soviético.

Otro episodio de este corte ocurrió en 1964, y tuvo como protagonista al filósofo y literato francés Jean-Paul Sartre, quien también rechazó el Nobel de Literatura. La respuesta dada por el autor se ha convertido en un manifiesto para criticar el papel de las instituciones en la cultura. Un rol que se entiende desde esta perspectiva como una injerencia, lo que en últimas trató de reivindicar Sartre con el polémico rechazo.

He aquí su justificación para declinar semejante reconocimiento:

> J'ai refusé le Prix Nobel de littérature parce que je refusais que l'on consacre Sartre avant sa mort. Aucun artiste, aucun écrivain, aucun homme ne mérite d'être consacré de son vivant, parce qu'il a le pouvoir et la liberté de tout changer. Le Prix Nobel m'aurait élevé sur un piédestal alors que je n'avais pas fini d'accomplir des choses, de prendre ma liberté et d'agir, de m'engager. Tout acte aurait été futile après, puisque déjà reconnu de façon rétrospective. Imaginez: un écrivain pourrait recevoir ce prix et se laisser aller à la déchéance, tandis qu'un autre pourrait devenir encore meilleur. Lequel des deux méritait son prix? Celui qui était au sommet et qui a redescendu la pente ou celui qui fut consacré avant d'atteindre le sommet? J'aurais pu être l'un des deux, et jamais personne n'aurait pu prédire ce que je ferais. On est ce que l'on fait. Je ne serai jamais récipiendaire du Prix Nobel, tant et aussi longtemps que je pourrai encore agir en le refusant (Sartre, 2005 p.4).

La postura de Sartre muestra en detalle las razones por las cuales la utilización de la cultura por parte de las instituciones genera críticas, y por qué se piensa que en ello hay una deshumanización de la misma, al servicio de la burocracia del Estado.

No obstante ello no ha impedido que el concepto se haya profundizado y se aluda cada vez más a él. Los casos más recientes en los que se habla de diplomacia cultural exitosa son Brasil, China, Francia, Japón y México, entre otros.

Valga anotar que estas naciones no han sido ajenas al debate sobre la uniformidad en la cultura o su instrumentalización. Francia, que tanto ha insistido en la promoción de la cultura a través de la Francofonía, se enfrenta a duras críticas de quienes ven en la promoción de sus valores culturales una nueva forma de colonialismo, sobre todo en regiones donde París tiene buenas relaciones con gobiernos abiertamente autoritarios, como ha ocurrido con Argelia y Túnez. A la diplomacia francesa le ha costado mucho explicar cómo siendo la democracia un valor tan arraigado en su política, se insiste en respetar a líderes como Bel Ali, en su momento dictador tunecino, o a Abdelaziz Bouteflika, actual presidente argelino y receptor constante de críticas por autoritarismo.

A pesar de ello, se debe reconocer que toda la proyección cultural francesa no pasa por la vía diplomática, y que la universalidad de sus valores no es una imposición del Quai d'Orsay en algunas de sus excolonias. Valga decir que la literatura francesa se ha abierto un camino con escritores como Honoré de Balzac, Charles Baudelaire, André Gide, Jean Gionno, Claude Simon, o André Malraux, entre otros.

Los otros casos revisten los mismos debates que son suficientemente complejos. Lo que sí está claro es que difícilmente la cultura se abandonará como un insumo de política exterior. México no podrá hacer abstracción de su protagonismo en el *boom* latinoamericano ni Brasil dejará de promover su desempeño deportivo como elemento de atracción. Los retos que comportan el Mundial de Fútbol de 2014 y los Juegos Olímpicos de 2016 de Río de Janeiro así lo testimonian.

En el caso de Japón y China el tema de la cultura es aún más complejo. Aunque ha habido una proyección de estas naciones apalancada en este concepto, también es cierto que la cultura se ha tratado de instrumentalizar en favor del nacionalismo. Basta revisar el boicot a autores japoneses promovido por Beijing cada vez que sube la tensión con su vecino. El reconocimiento a Mo Yan como Premio Nobel de Literatura en 2012 demostró que autores afines al régimen comunista podían ser admirados en Occidente.

Todo ello revela pues una complejidad que hace de la diplomacia cultural un tema del mayor interés para las Relaciones Internacionales. Su estudio aparece como una tarea inaplazable.

Referencias

Bettati, M., y Kouchner, B. (1987). *Le devoir d'injèrence*. París: Denoël Editions.

Fukuyama, F. (1988) "El fin de la historia?". *Estudios Públicos,* 5-31.

Huntington, S. (1993). "The Crash of Civilizations?". *Foreign Affairs*, 22-49.

Jullien, F. (2008). *De L'universel, de l'uniforme, du commun et du dialogue entre les cultures*. Normandie: Fayard.

Keohane, R., y Nye, J. (2001). *Power and Interdependence*. Nueva York: Adisson Wesley Longman.

Oficina de la Unesco para Bolivia, Colombia, Ecuador y Venezuela en representación ante el Gobierno de Ecuador (2008). "Encuentro Andino sobre Diplomacia Cultural". En É. Montiel, *La cultura recurso estratégico de la política internacional. Introducción al concepto*. Bogotá: Ministerio de Relaciones Exteriores de Colombia, 15-43.

Said, E. W. (1990). *Orientalismo*. Madrid: Libertarias.

Sartre, J.-P. (s.f.) *Fabrique de Sens*. Obtenido de signataire du Manifeste des 121. Disponible en: http://www.fabriquedesens.net/Jean-Paul-Sartre-signataire-du

Shih, T. H. (29 de marzo de 2013). *South China Morning Post*. Disponible en: http://www.scmp.com/news/china/article/1202142/chinas-formula-reduce-poverty-could-help-developing-nations

Traynor, I. (10 de junio de 2010). "Srebrenica genocide: worst massacre in Europe since the Nazis". *The Guardian*.

Encuentros y desencuentros de los estados BRIC y el empleo del poder blando

Juan Nicolás Garzón Acosta*

Introducción

Algunas categorías, como países en subdesarrollo o del tercer mundo, son consideradas en la actualidad como anacrónicas en tanto desconocen las realidades propias de la globalización y, por el contrario, optan por generalizaciones arbitrarias que impiden comprender un mundo colmado de particularidades nacionales. Paralelamente al desprestigio que padecen ciertas formas de encasillar a los países, han surgido acrónimos como BRIC, MINT o Civets, que han servido para designar a un conjunto de Estados que gozan de una atención creciente en virtud de su rol o de su potencial —económico, político o cultural— en el contexto de las relaciones internacionales contemporáneas.

A pesar de lo llamativas que puedan llegar a ser varias de las economías emergentes, es probable que el grupo de países sobre el cual más se ha discutido y escrito corresponda a los BRIC, grupo conformado por Brasil, Rusia, India, China y, más recientemente, Sudáfrica.[1] Actualmente los países BRIC han logrado aumentar su influencia mundial, en buena medida gracias al respaldo que les genera un desempeño económico que en términos generales es consistente a pesar de las grandes turbulencias que ha experimentado el capitalismo en los últimos años.

---

* Catedrático de las Facultades de Ciencia Política y Gobierno, y de Relaciones Internacionales de la Universidad del Rosario. Profesor titular de los cursos de Análisis Político de los Modelos Económicos y Crítica Política de la Economía.

1 A partir del 2010, a los Estados BRIC se les unió Sudáfrica, quien se ha integrado al resto de países y ha participado en los diversos encuentros de alto nivel, organizando incluso el Quinto Encuentro de los BRICS en Durbán en marzo de 2013, no obstante, el presente capítulo excluye intencionalmente esta última incorporación, concentrándose en los países que originalmente conformaron el grupo.

Los BRIC han avanzado en términos de alcanzar cierto grado de formalización de su organización de Estados. A partir de un número importante de reuniones de jefes de Estado, ministros y altos representantes, han ido fortaleciendo la institucionalidad del grupo, alcanzando algunos acuerdos. No obstante, la posibilidad de que estos países logren encontrar la articulación necesaria para actuar de forma más coordinada en los escenarios económico y político mundiales resulta aún difusa. La importancia e influencia de estas naciones en los próximos años puede depender de la manera en la que proyecten su poder y logren hacerlo de una forma relativamente armónica que sirva a los propósitos de su posicionamiento regional y global.

Precisamente, en materia de influencia la disciplina de las relaciones internacionales ha tratado de dar luces que permitan avanzar en la comprensión del carácter y dinámica del poder en el mundo globalizado, y en ese sentido la perspectiva de Joseph Nye acerca de la existencia de un poder blando, alternativo a las formas tradicionales de concebir la potencia fundadas en la coerción o la amenaza del uso de la fuerza (poder duro), se constituye en una herramienta de análisis muy conveniente para abordar algunas cuestiones sobre el uso de esta forma de poder por parte de los Estados BRIC.

Este capítulo busca analizar algunos elementos relacionados con el origen y características de los países BRIC, entendiendo que la economía es el factor clave de su convergencia y sobre esa base examinar el empleo del poder blando como un instrumento para proyectar su influencia en el sistema internacional. Para ser más preciso, se abordarán algunos aspectos acerca del origen económico del grupo con el fin de analizar, en primera instancia, cómo los proyectos económicos de cada una de las naciones involucradas experimentan similitudes y diferencias, asumiendo que estas últimas pueden dificultar el posicionamiento del grupo como un actor relativamente coherente en el escenario internacional. En una segunda parte se examinará cómo a partir de los propósitos comunes en materia económica, algunos materializados, otros no, los países BRIC han tratado de emplear el poder blando para alcanzar metas más ambiciosas, como por ejemplo ser los protagonistas de la construcción de un orden mundial alternativo.

Los BRIC: la unión y la heterogeneidad

En noviembre de 2001 el economista jefe de la banca de inversión Goldman Sachs, Jim O'Neil, publicaba en nombre de la firma el *Global Economic Paper* número 66, el cual llevaba por título "Building Better Global Economic BRIC's". En este documento O'Neil llamaba la atención sobre el increíble crecimiento de las economías emergentes de Brasil, Rusia, India y China, acuñando por primera vez el término BRIC y pronosticando el papel preponderante que tendrían estos mercados, en especial China, en los siguientes diez años. A partir de ese momento, el acrónimo del economista británico empezó a ser materia de interés en todo el mundo y sus pronósticos comenzaron a ser cada vez mejor valorados. Pero O'Neil no se conformó con su éxito inicial y dos años más tarde sostuvo en un nuevo documento de Goldman Sachs, titulado "Dreaming with BRIC's: the path to 2050", que los países del grupo "podrían convertirse en las más grandes fuerzas de la economía mundial" para el año 2050 (O'Neil, 2003, p. 1), esto significaba que los pilares sobre los cuales se erigiría la arquitectura económica global del siglo XXI se hallaban en buena medida en los Estados BRIC.

Los pronósticos de largo plazo acerca de la prevalencia de las economías emergentes no estuvieron exentos de críticas, algunos analistas consideraron que una proyección de 50 años resultaba exagerada, basada en conclusiones producto de un crecimiento muy lineal e incluso afirmaron que el peso de China era tan significativo, en relación con los demás países, que su importancia acabaría por eclipsar al resto (Tett, 2010, párr. 15). No obstante, las predicciones de Goldman Sachs no se ajustaron a un escenario más conservador y por el contrario optaron por concluir que la economía China igualará a la de Estados Unidos en el 2027 y que el grupo de los BRIC llegará a la cúspide de la economía mundial en el año 2032, mucho antes de lo inicialmente vaticinado (Tett, 2010, párr. 18).

El impacto que tuvo el término BRIC fue tan significativo que acabó por alentar a los líderes de cada uno de los países que lo conforman a establecer una serie de reuniones formales, primero entre los ministros de exteriores y posteriormente entre los jefes de Estado, lo que se tradujo en una reunión inicial en junio de 2009 en Ekaterimburgo, Rusia. La primera cumbre de los jefes de Estado del grupo concluía con una declaración conjunta en la que se demandaba una "mayor voz y representación en la instituciones financieras internacionales, y sus cabezas directivas deben ser nombradas a través de un proceso de selección abierto, transparente y basado en el mérito" (Joint Statement of the BRIC Countries' Leaders, 2009).

En lo que corresponde al desempeño reciente de las economías que componen el grupo, según los datos consignados en los Indicadores de Desarrollo Mundial del Banco Mundial, para el año 2013 la economía brasilera creció 2,5 %; la rusa, 1,3 %; la china, 7,7 %, y la india, 5,0 %. En la figura 1, se detallan las variaciones recientes del PIB de cada uno de estos países y se evidencia la preponderancia económica de China en comparación con los otros miembros del grupo. No cabe duda que la capacidad productiva y exportadora de China termina por abrumar al resto de naciones del cuarteto, lo cual revela una disparidad flagrante en relación con el potencial productivo y competitivo que cada uno de estos países posee en los mercados mundiales.

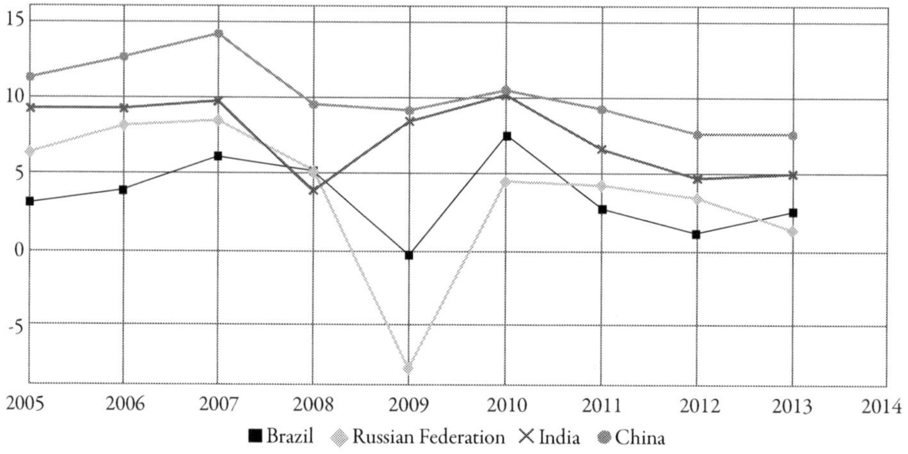

Figura 1. Crecimiento porcentual del PIB de los países BRIC (2005-2013)

Fuente: elaborada a partir de los datos y herramientas virtuales disponibles en la base de datos del Banco Mundial con base en los Indicadores de Desarrollo Mundial.

De otra parte, según los datos de la Organización Mundial del Comercio (OMC), China es el primer gran exportador mundial y ocupa el segundo puesto en términos de importaciones; eso significa que el valor de las exportaciones chinas para 2012 fue superior a los 2,04 billones de dólares, de los cuales el 94 % corresponde a bienes manufacturados (WTO, 2013). En cuanto a los demás BRIC, es posible constatar un crecimiento en su participación en los mercados mundiales, sin embargo, la asimetría frente a la economía china sigue siendo evidente.

Así mismo, si se evalúa el intercambio entre los países que conforman el cuarteto BRIC, a partir de la información consignada en la base de datos estadística de la OMC, se evidencian tres fenómenos: (i) hay un alto grado de intercambio comercial de carácter bilateral entre la primera economía del grupo y los miembros restantes del BRIC: China es el segundo destino de las exportaciones de Brasil, el cuarto de la India y el segundo de Rusia; (ii) al analizar tanto el origen de las importaciones como el destino de las exportaciones chinas, se observa que Brasil, India y Rusia no figuran dentro de los primeros cinco lugares, y (iii) con excepción de China, entre los miembros del grupo no hay un grado significativo de intercambio: en ninguno caso un país del grupo tiene como uno de sus cinco principales socios comerciales a otro país BRIC. La tabla 1 muestra los principales destinos de las exportaciones y los principales países de origen de las importaciones correspondientes a los miembros del grupo.

Tabla 1. Principales destinos de las exportaciones y principales países origen de las importaciones de los países BRIC

	Brasil		Rusia		India		China	
Posición	Destino de las exportaciones	Origen de las importaciones	Destino de las exportaciones	Origen de las importaciones	Destino de las exportaciones	Origen de las importaciones	Destino de las exportaciones	Origen de las importaciones
1	UE (27)	UE (27)	UE (27)	UE (27)	UE (27)	UE (27)	EE UU	UE (27)
2	China	China	China	China	EE UU	China	UE (27)	Japón
3	EE UU	EE UU	Bielorusia	Ucrania	Emiratos Árabes	Emiratos Árabes	Hong Kong (China)	Rep. de Corea
4	Argentina	Argentina	Turquía	EE UU	China	Arabia Saudita	Japón	Hong Kong (China)
5	Japón	Rep. de Corea	Japón	Bielorusia	Singapur	Suiza	Rep. de Corea	EE UU

Fuente: elaboración propia a partir de la información consignada en la base de datos estadísticos de la Organización Mundial del Comercio.

En lo que tiene que ver con los patrones de comercio, el desempeño económico de los países BRIC revela otra particularidad que puede acentuar las diferencias en el interior del cuarteto, ya que China e India siguen concentrando sus esfuerzos económicos en la producción de bienes manufacturados y servicios, particularmente *software*, en el caso indio, mientras que Brasil y Rusia, a pesar de algunos intentos por diversificar, continúan por la senda de la producción de materias primas, de las cuales son sustancialmente dependientes; por ejemplo en Rusia la dependencia de los combustibles fósiles es de tal magnitud que, según datos recogidos por el *think tank* American Enterprise Institute, el petróleo representa más de la mitad de los ingresos por exportaciones, ha determinado la mitad del crecimiento desde el año 2000 y tiene un peso en el PIB del orden del 30 %. Además, durante el 2012 los hidrocarburos constituyeron al menos la mitad de los ingresos presupuestarios del Estado (Aron, 2013, párr. 10).

Adicionalmente, del lado chino existen otras razones de orden económico que dificultan la cohesión del grupo de cara al futuro y sobre las cuales algunos analistas consideran que Beijing debería tomar acciones. Entre los temas a resolver se cuentan: (i) la sobre-dependencia del país con respecto al sector externo: de hecho China no parece estar totalmente cómodo frente a la posibilidad de continuar un modelo económico definido en función de la demanda de otros países y ha tratado, con dificultades, de potenciar su mercado interno; (ii) la falta de consolidación de un proceso que conduzca al país hacia una inserción plena en la economía de mercado, debido, entre otros factores, a una presencia excesiva por parte del Gobierno en las actividades productivas; (iii) la corrupción y los problemas generados por la falta de regulaciones legales en ciertas áreas económicas, ambos factores que minan la confianza de los países e inversionistas con quienes mantiene relaciones, y (iv) los problema derivados del control que posee el Estado sobre el sistema bancario, canalizando el capital únicamente hacia los sectores que considera claves para el desarrollo económico;[2] recientemente el Banco Popular Chino sometió a los mercados financieros a una importante restricción de liquidez, lo que provocó fuertes subidas de los tipos de interés como consecuencia del temor que despierta en el Gobierno el estallido de una burbuja inmobiliaria (González, 2013).

Capítulo aparte merece el tema monetario, ya que la estrategia cambiaria de China ha radicado en mantener artificialmente depreciada su moneda en relación con el dólar estadounidense, situación que ha conducido a tensiones con Washington en tanto ha facilitado las exportaciones asiáticas y paralelamente reduce la competitividad de los productos americanos, sin embargo, Estados Unidos ha respondido recíprocamente implementando una fuerte política expansiva, que desde la perspectiva del Gobierno brasileño ha conducido al mundo a un "tsunami monetario" que ha afectado, como es lógico, el crecimiento de los países emergentes (Talev y Colitt, 2012). Si bien el Gobierno brasileño ha puesto en el centro de la polémica a la administración Obama por considerarla responsable de la situación, desde 2010 no ha dejado de ver con preocupación cómo la "guerra monetaria" (*The Economist*, 2013), de la cual su socio chino es indudable protagonista, lesiona gravemente sus intereses económicos.

---

2 Los puntos mencionados en este aparte hacen parte del informe del Think Tank del Congreso de los Estados Unidos denominado como Congressional Research Service, para más información sobre estos asuntos ver Morrison (2014).

En marzo de 2013 la quinta cumbre de los países BRICS, dentro de los cuales ya se encuentra Sudáfrica, concluyó con un cúmulo de declaraciones llenas de propósitos y buenas intenciones, algunas de ella materializadas a partir de la creación de un banco de desarrollo, pero sin llegar a concretar algunos temas sustanciales sobre su funcionamiento. En palabras del editorial del diario *El País* de España del 29 de marzo de 2013 a propósito de la quinta cumbre, "Los BRICS plantean pasos importantes para la modernización de la gobernanza económica mundial. Pero aún les queda un largo camino para consolidarse como bloque estratégico".

No obstante, algunas de estas dudas intentaron ser disipadas en la Sexta Cumbre de los BRICS celebrada a mediados de 2014 en Brasil, en esa oportunidad los miembros del grupo acordaron la creación del nuevo banco de desarrollo llamado "Banco de los BRICS", con una aporte por miembro de 10 000 millones de dólares, con el fin de construir un fondo que alcance los 100 000 millones de dólares. Estos recursos tienen como propósito fundamental ser una fuente a disposición de los Estados que requieran rescates de orden financiero y, por esa vía, constituirse en una alternativa real frente una arquitectura financiera creada hace más de 70 años en el marco de los acuerdos de Bretton Woods, los cuales supusieron la creación del Fondo Monetario Internacional (FMI), entre otras instituciones.

En general esta iniciativa supone un primer intento por desafiar el orden financiero internacional liderado por los Estados Unidos y, en ese sentido, de ser conducida con habilidad, podría constituirse en una fuente importante de desarrollo para muchos países. Sin embargo, la creación del nuevo banco de desarrollo está lejos de ser la respuesta a los múltiples interrogantes que han surgido acerca de la funcionalidad del grupo en el largo plazo.

Una nueva plataforma de crédito construida sobre una base de 100 000 millones de dólares parece insuficiente para competir con las capacidades de instituciones como el FMI, cuyos recursos disponibles son superiores a los 560 000 millones de dólares y con la posibilidad de extenderse a otros 556 000 millones en virtud de nuevos mecanismos para el acceso a préstamos de la institución (FMI, 2014, párr. 9, 10). Así mismo, la cada vez mayor ventaja que económicamente le toma China al resto de sus socios genera incertidumbre sobre el futuro del grupo, debido a que es muy probable que las reglas del juego sobre la toma de decisiones o los mecanismos para el acceso a los créditos empiecen a cambiar una vez la contribución financiera de China exceda sustancialmente a la de países como Sudáfrica.

Por otra parte, a pesar de las notables diferencias entre las economías de Brasil, Rusia, India y China, el grupo se la ha jugado por una fórmula que apunta a que las disparidades se conviertan en fortaleza y sobre esa base se consolide un camino hacia la complementariedad, que podría llegar a ser el motor de la proyección del grupo. Mientras que China e India continúan apostando a un modelo productivo basado en los servicios y en especial en la manufactura, Brasil y Rusia disponen de la capacidad para ofrecer los *commodities* necesarios para respaldar tanto su crecimiento como el de eventuales aliados.

El futuro de los BRIC pasa fundamentalmente por determinar unos mecanismos sostenibles que les permitan actuar en la configuración de un sistema internacional en el que ellos sean protagonistas de primer orden, eso significa, por ejemplo, redefinir la manera en la que tradicionalmente han participado en las instituciones internacionales que han dominado la agenda política y económica mundial desde el fin de la Segunda Guerra Mundial. En lo concerniente a este punto vale la pena llamar la atención sobre el interés indio y brasileño por ocupar una silla permanente en el Consejo de Seguridad de Naciones Unidas como parte de una reconfiguración del modelo de toma de decisiones en el seno de esa organización. Adicionalmente, los Estados BRIC tienen el desafío de instaurar un esquema de cooperación consistente encaminado a consolidar un reconocimiento regional y global de su liderazgo.

Para la definición de la estructura sobre la cual se levante un nuevo orden mundial, en el que las economías emergentes asuman nuevas responsabilidades, resulta indispensable evitar incurrir en prácticas que estén orientadas a replicar modelos de dominación fundados en el poderío político, militar o económico. A disposición de los Estados se encuentran fuentes de poder alternas, que combinadas con las tradicionales permiten maximizar la actuación de los Estados; entre estas fuentes se encuentra por supuesto el poder blando, el cual ha llamado la atención de cada uno de los Estados BRIC por separado. Estos países han reconocido el potencial que tiene para sus propósitos esta forma de poder, aunque el grado de coordinación sobre su empleo entre los miembros del cuarteto sea muy reducido y parezca difícil de construirse hacia el futuro.

Del crecimiento económico a la redefinición del orden mundial

Desde principios de la década de los noventa, cuando Joseph Nye acuñó el término "poder blando", son varias las controversias que se han suscitado en los círculos académicos entorno a la naturaleza y los alcances que el concepto efectivamente posee. No obstante, con el paso de los años la idea acerca de la existencia de una forma alternativa de entender el poder empezó a desbordar la academia y pasó rápidamente a ser empleada por los gobiernos y líderes mundiales.

El planteamiento de Nye gira entorno a la existencia de un recurso intangible que permite influir en los demás, de manera tal que se puedan obtener los resultados que se pretenden a partir de incidir sobre lo que los otros desean, sin que necesariamente medie el empleo de recursos tradicionales, como la coerción. Esta forma de poder va a descansar en tres recursos, a saber, "su cultura (en los lugares en los que es atractivo para los demás), sus valores políticos (cuando se hace honor a ellos en casa y en el exterior), y su política exterior (cuando los demás los ven como una actor legítimo y que goza de autoridad moral)" (Nye, 2011, p. 84). Bajo esa lógica el atractivo que pueda alcanzar un país depende en buena medida de aspectos concernientes a sus valores o su cultura y, en ese sentido, pueden encontrar en la política exterior un canal mediante el cual manifestarse (Nye, 2004).

La efectividad de una estrategia definida en función de la promoción de los valores de una nación puede resultar ciertamente más efectiva, en términos de atracción, conforme dichos valores sean compartidos por otras sociedades, especialmente si sobre ellas se busca influir. Un ejemplo de esta situación se presentó en el contexto posterior a la Segunda Guerra Mundial, cuando la cultura y lo valores estadounidenses lograron superponerse a los europeos, de tal manera que hubo una suerte de comunión transatlántica en temas como la promoción de la democracia o el respeto a los derechos humanos (Nye, 2004). Esto permitió que el ejercicio norteamericano del poder blando no resultara particularmente traumático en muchas de las sociedades europeas que salían de la guerra, las cuales optaron igualmente por emplear su cultura, sus valores, su política exterior y el progresivo éxito de su proceso de integración como soportes del desarrollo de su poder blando.

En el caso de los Estados BRIC no se puede desconocer la existencia de valores compartidos, sin embargo estos países han decidido emplear el poder blando de una forma desagregada y muy poco coordinada, lo cual es comprensible, en la medida en que cada uno cuenta con un acervo cultural propio y unos intereses nacionales que pueden llegar a ser esencialmente distintos, además, el potencial que poseen para aprovechar su éxito económico como factor de poder blando encuentra varias dificultades. Aunque por definición el poder económico no es sinónimo de poder blando, el éxito económico sí se constituye en una fuente de atracción valiosa dependiendo de cómo sea empleado, por ejemplo, los países europeos que emprendieron el camino de la integración política y económica han logrado convertir los aspectos exitosos de su proceso en un factor que ha generado simpatía por parte de otros Estados y sociedades (Nye, 2006).

En el caso de los BRIC, cuando se analiza el potencial que poseen estos Estados para emplear el poder blando, se detectan varias contradicciones. En primera medida, estos países aspiran a consolidarse como los representantes de un nuevo orden mundial definido desde la pluralidad y han encontrado en la economía el punto de convergencia sobre el cual se definen como grupo, sin embargo, como ya se ha enunciado en este capítulo, enfrentan serias dificultades para su cohesión por cuenta de factores como: la excesiva preponderancia de China en el interior del grupo, el bajo grado de dinámica comercial que existe entre los países miembros, la dependencia que poseen de ciertos sectores productivos y el reducido número de acuerdos sustanciales que han alcanzado. En suma, la imagen de prosperidad que proyectan como colectivo corresponde fundamentalmente a su desempeño económico individual y no a una forma más o menos complementaria de construir riqueza.

En segunda instancia, la redefinición colectiva del orden global que aspiran a construir los países BRIC mediante el empleo del poder blando choca con los intereses particulares que cada uno de los Estados posee en lo relativo a la proyección de su influencia. Si se mira en detalle se hace manifiesto el hecho de que cada miembro privilegia intereses que normalmente son de orden regional y en consecuencia procuran definir una agenda que les garantice la consecución de sus propios objetivos. Brasil aspira a reafirmar su liderazgo en América Latina en contraposición a la histórica presencia norteamericana en la zona; India intenta reafirmarse en un entorno hostil como el que le plantea Pakistán; Rusia ambiciona tener la preponderancia que mantuvo durante años, en particular cuando hizo parte de la Unión Soviética a lo largo de la Guerra Fría y pretende mantener altas dosis de injerencia en sus vecinos del sur; y China juega a definir las grandes cuestiones mundiales, tratando de anticiparse a un escenario en el que se consolide como la economía más poderosa del planeta.

En tercer lugar, es importante tener en cuenta que el hecho de que cada Estado BRIC tenga un proyecto particular para el ejercicio de su poder blando no significa que las estrategias que han puesto en marcha se traduzcan en un aumento real de su atractivo. En todos los casos, la incorporación del poder blando como parte de un propósito de proyección nacional se enfrenta a restricciones de carácter interno que no garantizan el engrandecimiento de su poderío, en ese sentido, los países del cuarteto no necesariamente son conscientes de que "El poder blando es menos riesgoso que el poder económico y militar, pero a menudo es más difícil de usar, más fácil de perder y más costoso para restablecer" (Nye, 2011, p. 83).

Con cierta regularidad los esfuerzos de algunos Estados BRIC en lo relativo al poder blando están orientados a encontrar un camino mediante el cual puedan forjarse una imagen atractiva en el mundo, no obstante, en el fondo lo que verdaderamente deberían ponderar los Estados es cómo ser atractivos en sí mismos y no cómo crear estrategias que los presenten de una manera más favorable; existe una suerte obsesión errada por crear una imagen positiva de ellos a partir, por ejemplo, de la inversión de grandes sumas en campañas mediáticas, en palabras del propio Nye: "the best propaganda its not propaganda".

Factores como la pobreza, la inequidad, la corrupción, la falta de compromiso para frenar el cambio climático y en general los daños al medio ambiente, la pena de muerte, el poder desmedido de las mafias, las restricciones al ejercicio pleno de las libertades, las limitadas garantías al respeto de la propiedad intelectual, el escaso control sobre el tráfico de armas, la injerencia indebida en los asuntos internos de otros Estados y el uso unilateral de la fuerza son solo algunos ejemplos de elementos que no necesariamente contribuyen a presentar a los BRIC como un paradigma muy atrayente. No obstante, es necesario precisar que no todos los miembros del cuarteto comparten estos mismos problemas y en algunos casos han tratado, con algún éxito, de atacar sus manifestaciones.

Pese a los obstáculos que se presentan en el ejercicio del poder blando por parte de los Estados BRIC, cada uno ha logrado explotar algunos factores que han despertado simpatía e interés en otras sociedades. En el caso indio, se destacan el pluralismo religioso, el yoga y Bollywood (Blarel, s.f.), mientras que Brasil resulta irresistible por atractivos como la diversidad cultural, el fútbol, la lusofonía y la riqueza amazónica. Por su parte China ha tratado de promocionarse a través de los institutos Confucio alrededor del mundo y ha hecho un gran esfuerzo por promocionar la internacionalización de sus medios de comunicación, particularmente la Radio Internacional China (CCTV), sin embargo, China se adjudicó lo que podría considerarse uno de los mayores éxitos recientes en el ejercicio del *soft power*, una vez logró atraer la atención mundial gracias a la imponencia con la que llevó a cabo los Juegos Olímpicos en Beijing en 2008, al tiempo que Rusia aprovechaba la atención mundial en el Lejano Oriente y paradójicamente reivindicaba su influencia en el Cáucaso a través del ejercicio del *hard power*, librando una cruenta guerra con Georgia.

Nye admite que algunas veces los recursos militares también pueden contribuir al poder blando debido a que considera que la fuerza puede ser percibida como atractiva. Empero, un empleo equivocado de los recursos asociados a la coerción puede terminar por socavar el poder blando, en especial si el uso de la fuerza implica violaciones a principios del derecho internacional humanitario (DIH), los derechos humanos o algunos principios rectores del derecho internacional, como la no intervención o la no injerencia. Sobre este asunto llaman la atención particularmente los casos ruso y chino. En el primero, a pesar de que Putin ha mencionado a los BRIC como "un elemento clave en el mundo multipolar en formación" y ha afirmado que: "Nuestros países no aceptan la política de poder o violación de la soberanía de otros países" (*Russia Today*, 2013, párr. 5), su participación en el conflicto de Osetia del Sur, que lo llevó a librar la anteriormente mencionada guerra contra Georgia, y más recientemente su activa participación en la inestabilidad política ucraniana no se constituyen en factores que precisamente contribuyan a su imagen favorable. En lo que corresponde a China, el manejo de casos como el Tíbet y la Región Autónoma Uigur de Xīnjiāng, en los cuales ha reclamado de manera férrea su soberanía, ha proyectado una imagen autoritaria que se agrava en la medida que se le acusa de graves actos de represión en esas zonas.

Finalmente, es importante considerar que los países BRIC, a pesar de sus notables diferencias, han tratado de coordinar esfuerzos para jugar un rol cada vez más relevante en las grandes cuestiones de la política internacional; una reciente manifestación de esta intención se dio cuando en la quinta reunión del grupo se pronunciaron con respecto al desarrollo del programa nuclear iraní y el régimen de sanciones que pesa sobre ese país. Con respecto a este tema expresaron lo siguiente: "Estamos preocupados por las amenazas de intervención militar, así como de sanciones unilaterales" (Sterman, 2013). Este pronunciamiento puede ser interpretado como la expresión de un interés por desempeñar un papel colectivo más relevante en asuntos de alta política internacional. Sin embargo, surgen dudas con respecto a la posibilidad de crear consensos en el interior del grupo sobre un tema tan particularmente sensible, máxime cuando tres de los cuatro miembros tradicionales poseen arsenales nucleares y uno de ellos se encuentra al margen del tratado de no proliferación (Uyanaev, s.f.).

Conclusiones

El origen y carácter de los BRIC es primordialmente económico, gracias a que los factores a partir de los cuales se articularon como colectivo han estado vinculados a su notable desempeño y gran capacidad de crecimiento, no obstante, el carácter económico del grupo es simultáneamente un factor de convergencia y de diferencia entre sus miembros. Las diferencias pueden llegar a ser problemáticas debido a factores como el gran peso de la economía china o el bajo grado de integración económica que existe entre los Estados miembros. En ese orden de ideas, conforme las asimetrías persistan o se agudicen, las posibilidades de construir concesos quizá se reduzcan.

China no solo le ha apostado a una nueva estructura financiera a través de mecanismos de acción concentrados en los bric, también ha optado por una política que apunta a diversificar sus plataformas crediticias como vía para aumentar su influencia financiera global. La prueba más fehaciente de ello es la reciente creación del Banco Asiático de Inversión en Infraestructura (aiib, por su sigla en inglés), a través del cual busca financiar proyectos de infraestructura a gran escala. Esta iniciativa representa la apuesta china por jugar un rol protagónico en la economía mundial distinto al que pueden aspirar sus socios de las economías emergentes, en especial en un contexto en el cual Brasil ha frenado considerablemente su crecimiento y las monedas rusa e india han experimentado significativos reveses durante varios meses.

La reputación siempre ha sido importante en la política internacional pero en el contexto de la globalización ha adquirido unas connotaciones especiales, aunque, como dice Nye, no se debe exagerar la importancia o el impacto que pueda tener el poder blando. En el caso de los Estados bric, es claro que cada miembro ha trazado estrategias de uso de poder blando desde su realidad, necesidades y limitaciones. Estas últimas obedecen a una combinación de factores internos y actuación externa —normalmente materializada en la política exterior— que dificultan su proyección como fuentes de atracción para otros actores internacionales.

A lo largo de la obra de Joseph Nye se nota una gran persistencia por reafirmar la idea de que el poder blando es ante todo descriptivo y, contrario a lo que se podría pensar, no tiene pretensiones normativas, lo que significa que para el autor su concepto designa una forma más de poder, distinta a las tradicionales e incluso en ocasiones más difícil de ejercer. El punto está en distinguir la forma en la que ese poder blando puede llegar a ser eficaz y en cómo es posible combinarlo con los recursos de poder clásicos, como la fuerza y la economía —*smart power*—; en consecuencia, del balance entre las formas de poder que puedan hallar los Estados bric podría depender el éxito de su posicionamiento como regentes de un nuevo orden mundial.

Este tipo de reflexiones acerca del papel que desempeñan las economías emergentes a través de la acción colectiva se puede complementar a partir de marcos de análisis contemporáneos de las relaciones internacionales, tales como el constructivismo. Alexander Wendt, figura emblemática de esta corriente, ha sugerido que los comportamientos de los individuos, los Estados y los grupos organizados están moldeados por creencias compartidas y normas construidas socialmente; en ese sentido el núcleo del interés constructivista ha versado sobre cómo las identidades y los intereses de los actores efectivamente se encuentran socialmente construidos.

La aparición de los BRIC puede explicarse entonces a partir de entenderlos como el resultado de la acción conjunta de unos agentes que individualmente consideraron y creyeron que tenían la capacidad de definirse como grupo y sobre esa base conformaron una alianza en la que la percepción que poseen de sí mismos y del otro les permitió construir lo que en términos de Wendt se denomina una *identificación positiva*, y por esa vía extender lazos de amistad que se tienden a traducir en el establecimiento de mecanismos de cooperación efectiva (Wendt, 1992). Sin embargo, en el caso específico de los BRIC es importante anotar que el proceso de construcción y de identificación colectiva aún se encuentra inacabado.

A pesar de los grandes desafíos que los BRIC deben superar, el grupo posee un gran potencial para expandir su influencia hacia otros Estados e incluso robustecerse a partir del aumento del número de sus miembros. La incorporación de Sudáfrica fue la primera manifestación del interés que despierta el colectivo en otros Estados y puede ser el primer paso para que economías emergentes, como México y Corea del Sur, terminen por adherirse a esta iniciativa. De todas formas, se amplíe el número de países miembros o no, las dudas acerca de la verdadera cohesión del grupo no se van a disipar fácilmente.

Referencias

Aron, L. (2013, May 29). "The Political Economy of Russian Oil and Gas". *American Enterprise Institute*. Recuperado el 10 de febrero de 2014. Disponible en: http://www.aei.org/outlook/foreign-and-defense-policy/regional/europe/the-political-economy-of-russian-oil-and-gas/

Beatti, A. (2010, January 17). "Brics: The Changing Faces of Global Power". *Financial Times*. Recuperado el 13 de febrero de 2014. Disponible en: http://www.ft.com/cms/s/0/95cea8b6-0399-11df-a601-00144feabdc0.html

Blarel, N. (s.f.). *India's Soft Power: From Potential to Reality?* London: London School of Economics and Political Science.

Bogomolov, A. and Lytvynenko, O. (2012). *A Ghost in the Mirror: Russian Soft Power in Ukraine*. London: Chatham House Briefing Paper. Russia and Eurasia program.

Chatterjee Miller, M. (2013). *India's Feeble Foreign Policy. A Would-Be Great Power Resists Its Own Rise*. South Asia Institute, Harvard University.

El País (2013, 29 de marzo). "BRICS: Final con Sordina". Recuperado el 13 de febrero de 2014. Disponible en: http://elpais.com/elpais/2013/03/28/opinion/1364501661_652900.html

Fondo Monetario Internacional (2014, 30 de septiembre). "¿De dónde obtiene el dinero el FMI?". Ficha técnica. Recuperado el 10 de febrero de 2015. Disponible en: https://www.imf.org/external/np/exr/facts/spa/finfacs.htm

González, A. (20 de junio de 2013). "China frena la liquidez del sistema financiero". *El País*. Recuperado el 10 de febrero de 2014. Disponible en: http://economia.elpais.com/economia/2013/06/20/actualidad/1371728002_314673.html

Joint Statement of the BRIC Countries' Leaders. (2009, June 16). "President of Russia". Recuperado el 15 de febrero de 2014. Disponible en: http://archive.kremlin.ru/eng/text/docs/2009/06/217963.shtml

McClory, J. (2012). *The New persuaders III. A 2012 Global Ranking of Soft Power*. London: Institute for Goverment.

Morrison, W. M. (2013). *China's Economic Rise: History, Trends, Challenges, and Implications for the United States*. Washington: Congressional Research Service.

Nye, J. S. (2004) *Soft Power: The Means To Success In World Politics*. New York: Public Affairs.

________ (2006). "Think Again: Soft Power". *Foreing Policy*. Recuperado el 13 de febrero de 2014. Disponible en: http://www.foreignpolicy.com/articles/2006/02/22/think_again_soft_power

________ (2011). *The Future of Power* (Reprint edition). New York: Public Affairs.

________ (2012, 8 de mayo). "China's Soft Power Deficit To Catch up, Its Politics Must Unleash the Many Talents of its Civil Society". *The Wall Street Journal*. Recuperado el 15 de febrero de 2014. Disponible en: http://online.wsj.com/news/articles/SB10001424052702304451104577389923098678842

O'Neil, S. (2012, July-August). "How Busted is Brazil? Growth After Commodities Boom". *Foreign Affairs*. Vol 91, No. 4, 159-166.

O'Neill, J. (2001). *Building Better Global Economic BRICs. Global Economics Paper*, No. 66.

Russia Today (2013, March 22). "BRICS Key Element of Emerging Multipolar World - Putin". Recuperado el 13 de febrero de 2014. Disponible en: http://rt.com/news/brics-multipolar-world-putin-635/

Sharma, Ruchir. (2014, January-February). "The Ever-Emerging Markets. Why Economic Forecasts Fail". *Foreign Affairs*. Vol. 93, No. 1, 52- 56.

Sterman, A. (2013, March 28). "Developing Powers Call For End to Sanctions on Iran". *Times of Israel*. Recuperado el 15 de febrero de 2014. Disponible en: http://www.timesofisrael.com/developing-powers-call-for-end-to-sanctions-on-iran/

Talev, M. and Colitt, R. (2012). "Rousseff Tells Obama Rich Nations' Policies Harm Growth". *Bloomberg News*. Recuperado el 10 de febrero de 2014. Disponible en http://www.bloomberg.com/news/2012-04-09/obama-seeks-expanded-commerce-in-meeting-with-brazil-s-rousseff.html

Tett, G. (2010, January 15). "The story of the Brics". *Financial Times*. Recuperado el 13 de febrero de 2014. Disponible en: http://www.ft.com/cms/s/0/112ca932-00ab-11df-ae8d-00144feabdc0.html

The Economist (2013, February 16). "Phoney Currency Wars".

Torres Soriano, M. R. (2005). "El poder blando: ¿una alternativa a la fuerza militar? *Revista Política y Estrategia*. No. 100.

Uyanaev, S. (s.f.). "Nuclear Issues in the Agenda of the BRICS Grouping". Russia-China Centre, RAS Far East Institute.

Wendt, A. (1992). "Anarchy is What States Make of it: The Social Construction of Power Politics". *International Organization*. Vol. 2, No. 46, 391-425.

Wilson, D. and Purushothaman, R. (2003). *Dreaming With BRICs: The Path to 2050. Goldman Sachs*. Global Economics Paper, No. 99.

Bases de datos

World Bank (2014). World Development Indicators. Consultado el 10 de febrero de 2014. Disponible en: http://data.worldbank.org

World Trade Organization (2014). Statistics Database. Country Profile. Consultado el 10 de febrero de 2014. Disponible en: http://stat.wto.org/CountryProfile/WSDBCountryPFHome.aspx?Language=E

Migraciones internacionales y poder blando: posibles aportes de la comunidad colombo-árabe

Massimo Di Ricco*

Introducción

Los primeros migrantes de origen árabe llegaron a la costa de Colombia entre el final del siglo XIX y a lo largo de todo el siglo siguiente, como parte de una primera oleada de migraciones internacionales que se dieron en una época que se definió como una fase incipiente del proceso de globalización, caracterizado por el movimiento de personas a escala global. Los levantinos, o sea aquellos árabes que provenían de la región del Imperio Otomano que incluye en la actualidad los países de Líbano, Siria y Palestina, fueron los que en particular modo emprendieron el viaje hacia las Américas para buscar nuevas oportunidades y una vida más estable, lejos de los conflictos que sacudían aquella región. Llegaron a América Latina con un sólido bagaje cultural, pero al mismo tiempo demostraron una inusual actitud receptiva hacia la cultura del país de acogida; se establecieron en diferentes regiones del país, pero donde más consiguieron compenetrar la idiosincrasia local con su cultura de origen fue en la región Caribe, zona donde hoy reside una considerable población de sus descendientes. Allí, así como en el resto del país, consiguieron acceder en las décadas siguientes a importantes puestos de poder en la sociedad, tanto por su rol como emprendedores como por su participación en el ámbito político, ejemplificando de esta forma un exitoso proceso de integración.

Este artículo contiene una reflexión sobre las teorías del poder blando y la diplomacia cultural, y en específico quiere acercarse a un tema todavía al margen

* Profesor del Departamento de Historia y Ciencias Sociales de la Universidad del Norte, Barranquilla.

de esta rama de estudios, o sea el análisis del rol de las migraciones globales como herramientas para el intercambio en el ámbito de las relaciones internacionales. En específico, se toma en consideración el caso de la comunidad colombo-árabe, la región del Caribe colombiano y las relaciones entre esta región, Colombia y los países del mundo árabe.

Si se considera que el poder blando supone utilizar la cultura y los valores de un Estado o una región para atraer interés en el ámbito internacional, ¿pueden los procesos migratorios considerarse como una herramienta de diplomacia cultural o *soft power*? ¿Cuál es el potencial de las migraciones internacionales en el marco de esta teoría de las relaciones internacionales? ¿Cómo diferenciar entre los posibles aportes de las comunidades que llegaron en las más recientes fases de globalización y los de las comunidades migrantes de épocas anteriores? Este artículo quiere intentar dar una respuesta a estas preguntas y al mismo tiempo abrir algunos interrogantes sobre la relación entre las migraciones internacionales, el poder blando y las relaciones internacionales entre Estados o regiones.

En el marco del análisis de las relaciones internacionales entre Colombia, la región Caribe y el mundo árabe, se quiere reflexionar sobre el papel que puede jugar la comunidad colombo-árabe en reforzar esta relación y generar un clima de confianza entre los países involucrados. Este artículo tiene un carácter exploratorio, por acercarse a un tema no muy tratado hasta el momento en la literatura concerniente la teoría del poder blando. El análisis del rol de las comunidades árabes en Chile y Brasil en el desarrollo de estas relaciones internacionales permite adelantar aquí la hipótesis de que los descendientes de unas antiguas comunidades de migrantes y su cultura pueden favorecer al país de acogida en su promoción hacia el exterior y así atraer en particular modo las inversiones extranjeras y el turismo. Por otro lado, se sugiere que esta relación puede permitir consolidar la confianza de estos países hacia Colombia y reconocerlo como posible intermediario en asuntos diplomáticos y negociaciones de conflictos que conciernen a los diferentes países de esta región de Medio Oriente. Finalmente, y de forma general, se pretenden abrir unos interrogantes sobre el significado y el uso controvertido de la cultura para alcanzar objetivos de poder en el ámbito de las relaciones internacionales o con finalidades meramente económicas.

Poder blando, migraciones, marca país y diplomacia de nicho

El poder blando se entiende aquí como una herramienta de política exterior que tiene el objetivo de atraer e influenciar a otros actores en las relaciones internacionales a través de la promoción de la cultura de un país o una región en específico

(Nye, 1990). De modo particular se utiliza la cultura para promover intereses específicos y determinados con el fin de alcanzar objetivos concretos y tangibles, y que pueden estar relacionados con ambiciones diplomáticas, de inversiones y negocios en el país o con la promoción de turismo, entre otras cosas.

El rol de las migraciones internacionales en el marco de las teorías del poder blando no ha sido el factor que más interés ha despertado entre quienes se han acercado al estudio de este tema, así como tampoco ha ocurrido con el rol de las comunidades de migrantes como herramienta de las relaciones internacionales entre países. Sin embargo, es posible identificar dos posibles aproximaciones al tema de la relación entre las migraciones internacionales y el poder blando, y adelantar al mismo tiempo una hipótesis de trabajo respecto al rol que pueden jugar los descendientes de una comunidad de migrantes exitosamente asentada en el país de acogida.

La primera aproximación se relaciona con las oportunidades que ofrecen las migraciones internacionales para el país de acogida. Joseph Nye (1990; 2008), uno de los principales estudiosos de las teorías alrededor del poder blando analizando específicamente el caso de Estados Unidos, considera que las migraciones son una herramienta de poder blando por parte del país de acogida, especialmente por su poder de atracción para millones de personas de todo el mundo que quieren vivir en este país. Nye considera que las masas migratorias en el país de acogida o el deseo de vivir en tal país son una forma indirecta de aplicar un poder blando y una intrínseca fuerza del país de acogida. La explicación se encuentra en una reformulación sucesiva de sus teorías, y de hecho Nye (2012) afirma que el poder atractivo de Estados Unidos puede tener un carácter exponencial porque las conexiones entre los migrantes y las familias o amigos en el país de origen ayudan a mejorar la visión del país y su percepción en el mundo. Nye centra sus consideraciones en particular modo sobre el poder atractivo de Estados Unidos para los migrantes internacionales, pero no toma completamente en consideración el rol que pueden tener estas comunidades de migrantes respecto a la relación de Estados Unidos con los países de origen de los migrantes.[1]

La segunda aproximación se centra en las oportunidades que pueden ofrecerse para los países de origen de estas migraciones en relación con el país de acogida.

---

[1] Se sugiere aquí que la razón para no considerar esta postura se debe principalmente al hecho de que Nye toma en consideración a las comunidades extranjeras que llegaron al país solo recientemente y aún en proceso de integración en el país de acogida.

Este acercamiento se refiere al rol indirecto jugado por parte de actores subnacionales en la promoción de la cultura del país de origen. Las acciones culturales de los migrantes representan una forma indirecta de poder blando del país de origen y un recurso importante para este país. Esta particular forma de poder blando, por su capacidad de influenciar la cultura del país de acogida de una forma beneficiosa para el país de origen, se ha definido con el nombre de "diplomacia de la diáspora" (González III, 2012). El novedoso enfoque de este acercamiento al tema de las migraciones internacionales se encuentra en la consideración de que el principal agente de este tipo de diplomacia cultural de la diáspora es la misma comunidad migrante, mientras el Estado se encuentra al margen de las decisiones, de tal forma que las comunidades en el extranjero pueden asumir en cierta medida el rol de promotoras de la política exterior del país de origen.

Estas primeras dos aproximaciones al tema de las migraciones internacionales en las teorías del poder blando hacen referencia en particular modo a los movimientos masivos de personas que caracterizan las más recientes fases de globalización, y no se refieren a las migraciones que se dieron en fases precedentes, de las cuales la más importante fue aquella que se manifestó desde el final del siglo XIX y durante las décadas siguientes. En relación con estos primeros movimientos de personas a escala global, se analizó el rol que podían tener en las décadas siguientes las diásporas y los refugiados como instrumento por parte del país de acogida para fomentar la diplomacia pública e influenciar los acontecimientos políticos de los países de origen de la comunidad migrante (Cull, 2009).

La hipótesis que se adelanta en este artículo, y que supone una novedosa aproximación al tema de las relaciones entre las migraciones internacionales y el poder blando, se aleja en parte de esta perspectiva para centrarse en el rol que pueden tener en términos de diplomacia cultural los descendientes de antiguas comunidades de migrantes que ya se integraron por completo en el país de acogida. Considerado el carácter exploratorio de este planteamiento respecto a las teorías del poder blando y las migraciones internacionales, se hará una reflexión sobre este acercamiento a través de unos interrogantes puntuales: ¿pueden los descendientes de estas comunidades de migrantes, que mantuvieron ciertos caracteres de su cultura de origen, actuar como una herramienta de poder blando y conformar un canal de comunicación preferencial con el país de origen? ¿Debe ser el Estado el que se hace cargo de promover esta forma de poder blando o son los actores subnacionales, como las comunidades en cuestión, que pueden propiciar esta forma de diplomacia de la diáspora? ¿Si se considera que la cultura tiene un poder de atracción para promover acuerdos de cooperación, inversiones extranjeras, turismo y convertirse en un mecanismo de acción diplomática en el exterior, cómo se pueden coordinar estos esfuerzos entre el Estado, una región en específico y los actores subnacionales?

Una parte de la literatura sobre la diplomacia cultural considera de particular importancia las acciones que se definen como marca país, o sea la idea de que el posicionamiento de un país a través de su promoción a escala internacional puede dar ventajas respecto a otros países. Estos tipos de acciones permiten crear oportunidades y beneficios que se pueden concretar, entre otras cosas, en un aumento del turismo en el país, en acuerdos bilaterales entre Estados o en una mayor inversión extranjera en el país. Los autores que han analizado las potencialidades del poder blando y la diplomacia pública han remarcado la importancia de que las acciones de diplomacia cultural lleven a resultados concretos por parte del Estado que las aplica y que para su efectivo funcionamiento tienen el objetivo de conseguir un resultado tangible que se puede cuantificar, por ejemplo, en términos de ingresos, acuerdos bilaterales o inversiones (Cull, 2009).

Tradicionalmente, los principales actores de la diplomacia cultural han sido los Estados y sus instituciones, entre las que se pueden destacar las que promueven la lengua y la cultura de un país en el exterior, tal como la Alliance Française, el British Council o la United States Agency for International Development (Usaid), entre otros. Las acciones de estas instituciones representan una forma de poder blando del Estado sobre los ciudadanos de otros países. En otros casos las acciones de diplomacia cultural pueden ser llevadas a cabo tanto por actores subnacionales, como se mencionó en el caso de las migraciones internacionales, como por una específica región de un país o aquellos Estados de dimensiones reducidas, que se pueden definir en las relaciones internacionales como potencias intermedias. Los ejemplos más significativos en este caso son los de Quebec y Cataluña, por un lado, y Noruega, por el otro. Quebec y Cataluña son regiones con un elevado nivel de autonomía dentro del Estado, mientras Noruega es un país de dimensiones y población reducida, que no presenta las mismas posibilidades de posicionarse a nivel internacional tal como las grandes potencias mundiales. Estas regiones y países consiguieron igualmente imponerse a nivel mundial, enfocando en particular modo sus políticas diplomáticas en ámbitos específicos y desarrollando lo que se ha definido como una diplomacia de nicho (Henrikson, 2006). Esta diplomacia de nicho les ha permitido recortarse un rol como referente internacional en el ámbito de especialización que han propuesto en sus acciones.

La comunidad colombo-árabe y la región Caribe de Colombia: el proceso de integración árabe en la sociedad costeña

La comunidad colombo-árabe es un ejemplo de aquellas migraciones internacionales que se dieron en una precedente fase de globalización, y de las posibilidades que pueden ofrecer estas comunidades en el marco de unas acciones de diplomacia cultural y poder blando. Los árabes llegaron en varias oleadas y a diferentes países de América Latina, como Brasil, México, Argentina y Chile. Varios migrantes empezaron a llegar a Colombia desde el final del siglo XIX, especialmente a través de la que ha sido una de las entradas principales al país en aquella época: el muelle de Puerto Colombia, ubicado en el Caribe colombiano. Entre las comunidades que llegaron a Colombia en esta época las principales fueron la italiana, la alemana, la holandesa, la china y los judíos sefardíes de Curazao, pero sin duda la que más marcó la idiosincrasia y el desarrollo local fue la árabe.

Los árabes llegaron a Colombia por distintas razones relacionadas con las difíciles condiciones de vida en la tierra de origen, y en especial modo por la continua inestabilidad de Medio Oriente desde el punto de vista político (Fawcett de Posada, 1991). Quienes llegaron en esta época, y que se asentaron en diferentes partes del país, provenían principalmente de los actuales Estados de Líbano, Siria y Palestina, territorios que se encontraban en aquella época todavía bajo el Imperio Otomano. Los movimientos migratorios desde estos países hacia Colombia se han desarrollado en diferentes oleadas y han sido constantes hasta la actualidad, permitiendo que los vínculos con los países de origen se hayan ido reforzado de forma ulterior en las últimas décadas. A diferencia de otras comunidades de migrantes internacionales en Colombia y en América Latina en general, los árabes han mantenido un canal de comunicación permanente con sus tierras de origen, llevando sus costumbres y retaje cultural compartido de una parte a otra del mundo. Esta relación sutil pero constante se considera como uno de los recursos principales en la actualidad para el posible desarrollo de relaciones institucionales más sólidas a nivel internacional. En el caso de Colombia y la región Caribe, la comunidad se fue organizando en clubes y asociaciones que, aunque se hayan perdido en gran medida a lo largo de las últimas décadas (Fawcett de Posada, 1991), se han revitalizado recientemente con nuevas formas de asociacionismo.[2]

---

[2] Cada dos años se celebra un encuentro nacional entre los descendientes de la comunidad, organizado por la Fundación Encuentro Cultural Somos Colombo-Árabe.

Miembros de la comunidad árabe han destacado por su rol preponderante en la economía local y nacional, y, desde los años sesenta, por su más considerable participación en la vida política del país, en especial modo en la región Caribe y la ciudad de Barranquilla (Di Ricco, 2014). Del 11 % de colombo-árabes que se asentaron en los años noventa en las bancadas del Congreso Colombiano, la gran mayoría provenía de la región Caribe (Vargas, 2011).

El Caribe colombiano es una región de la que hacen parte diferentes gobernaciones y cuyos centros principales son Barranquilla, la capital de la gobernación del Atlántico, Cartagena de Indias y Santa Marta. A diferencia de los países federales, la región Caribe y las gobernaciones colombianas no gozan de particular autonomía en términos de poder legislativo, dependiendo casi por completo del Estado central.[3] La región del Caribe ha presentado desde la llegada de las migraciones internacionales un desarrollo inestable en términos económicos, con épocas de bonanzas e innovaciones tecnológicas alternadas con graves momentos de crisis económicas. En los últimos años la firma del tratado de libre comercio (TLC) entre Colombia y Estados Unidos y los sucesivos acuerdos comerciales que se dieron con otros países y regiones volvieron a proyectar la región Caribe a nivel internacional en términos de comercio y negocios. La proyección internacional de la región Caribe se materializa también en los eventos culturales que se organizan en ella, entre los que destacan el Carnaval de Barranquilla y su oferta turística, *in primis* la ciudad de Cartagena, meta del turismo internacional.

Es importante destacar algunos elementos que permiten adelantar una reflexión sobre el caso de la comunidad colombo-árabe, las migraciones internacionales y las teorías acerca del poder blando. En primer lugar, la consideración de que la comunidad colombo-árabe se encuentre asentada en su mayoría en una región específica y ha contribuido particularmente a la idiosincrasia local de esta región. En segundo lugar, los descendientes de esta comunidad de migrantes se encuentran ahora cubriendo puestos de particular importancia en la política de esta región y son destacados hombres de negocios. Finalmente, las específicas características culturales de la región Caribe y su presencia en el ámbito internacional permiten

---

[3] Desde hace ya unas décadas se ha desarrollado un proyecto político de autonomía de la región Caribe, que al momento no ha tenido mucho éxito y adelantos. Las reivindicaciones de la región Caribe de tener un papel más importante en las decisiones del Estado se remontan al principio del siglo XX, con el establecimiento de la Liga Costeña, en 1919.

tomar en consideración su potencial en términos de poder blando y de proyección hacia el exterior, en particular modo hacia los países del Levante árabe.

La diplomacia cultural colombiana y las relaciones entre Colombia y el mundo árabe

Desde hace varios años, Colombia ha emprendido una serie de acciones de diplomacia cultural como forma para mejorar las relaciones internacionales con otros países y regiones, especialmente a través de las diferentes instituciones encargadas de ello dentro del Ministerio de Relaciones Exteriores, y al mismo tiempo para mejorar la percepción del país en el exterior. En los últimos años Colombia ha desarrollado un plan de promoción en el exterior, dirigiendo sus principales esfuerzos hacia las regiones de Asia-Pacífico y África. En el 2012, Colombia ha intentado fortalecer la relación con los países de la región Asia-Pacífico a través de acciones de diplomacia cultural en China, Corea, Indonesia, Rusia, Vietnam y con planes de acciones en Australia, Japón, Malasia, Singapur, Indonesia y Myanmar (Ministerio de Relaciones Exteriores, 2013). Al mismo tiempo, las acciones diplomáticas realizadas en diferentes países de África se entienden gracias al interés del Gobierno colombiano de fortalecer su presencia en este continente, más allá de Egipto, Sudáfrica y Marruecos, donde ya cuenta con una presencia institucional.

Colombia se ha intentado posicionar a nivel internacional, en términos de marca país, con campañas globales que lo promueven como lugar para el aprendizaje de la lengua española y como destino del turismo internacional. Con el mismo objetivo, y para mejorar su percepción en el exterior, ha hecho particular uso de la diplomacia deportiva. El Gobierno actual ha puesto particular interés en la promoción de la marca país, con el intento de aumentar la presencia de turistas extranjeros en el territorio nacional y al mismo tiempo generar una relación de confianza en los inversores extranjeros.[4]

En lo que concierne a las migraciones internacionales, Colombia ha utilizado solo en parte el potencial de sus nacionales que migraron hacia otros países, en especial modo a Estados Unidos, Europa, México, Australia o Israel, en la región de Medio Oriente.[5] Las políticas culturales del Gobierno colombiano respecto a sus

---

4 Hay que tomar en cuenta estas acciones, en consideración de una posible solución negociada al largo conflicto que atraviesa el país desde hace varias décadas.

5 Actualmente residen en Israel una cantidad mínima de migrantes colombianos, debido también a las buenas relaciones de negocios y cooperación en términos de seguridad entre los dos países y la posibilidad

nacionales en el exterior son ejemplificadas por el programa "Colombia Nos Une", que ha representado un canal de comunicación con las comunidades migrantes en el exterior y el asociacionismo colombiano de la diáspora.

Con respeto al mundo árabe, Colombia ha desarrollado una relación relativamente sólida con esta región en términos de diplomacia cultural y política exterior. No obstante la relación con el mundo árabe no represente el eje principal de las políticas diplomáticas del Ministerio de Relaciones Exteriores, tal como destaca el informe redactado por unos expertos en 2010, según los mismos expertos Colombia debería tener más interés en desarrollar acuerdos con esta región que ayuden en las inversiones y los negocios:

> Para Colombia es fundamental también estrechar lazos con el mundo árabe, no solo por la importancia que han tenido los migrantes de ese origen en la cultura nacional, sino como estrategia en un entorno internacional en el que la cuestión árabe juega un papel cada vez más importante. El mundo árabe, además, se ha mostrado interesado en comprar productos colombianos, y Proexport ha identificado el ánimo de empresarios colombianos en trabajar con esta región (Ministerio de Relaciones Exteriores, 2010, p. 73).

Una de las razones principales para desarrollar una relación más fuerte con el mundo árabe es la cercanía cultural entre este y Colombia, que se debe a la presencia en el país de migrantes internacionales de origen árabe.

Los eventos de diplomacia cultural organizados por las delegaciones colombianas en el mundo árabe en los últimos años han sido de escasa importancia y cantidad respecto a los que se desarrollaron en otros países. Este dato bien expresa el relativo interés de Colombia hacia esta región o las dificultades que se encuentran en instaurar relaciones con países fuertemente inestables desde el punto de vista político.[6] También hay que destacar que la participación colombiana en la Cumbre América del Sur-Países Árabes (ASPA), que desde hace varios años representa la plataforma para el dialogo tanto a nivel político como económico entre las dos

---

de viajar sin visa previa. Israel de todas formas no representa uno de los destinos principales para los migrantes colombianos.

6 Colombia ha organizado un evento en Marruecos, dos eventos académicos en Líbano y uno en Egipto. En la misma región de Medio Oriente Colombia ha organizado eventos culturales también en Israel.

regiones, ha sido intermitente.[7] De una forma más directamente relacionada con la promoción de los negocios entre las dos regiones, ha sido constituida la Cámara de Comercio Colombo Árabe. Colombia ha firmado varios acuerdos de cooperación económica, científica, cultural y para el desarrollo del turismo con Argelia, Egipto y Marruecos (Ministerio de Relaciones Exteriores, 2013), y tiene una presencia institucional con embajadas en los países árabes en Líbano y Egipto, desde hace varias décadas, mientras en los últimos años se abrió la embajada colombiana en los Emiratos Árabes Unidos, y se volvieron a abrir las embajadas en Marruecos y Argelia.[8]

Colombia ha desarrollado también una relación especial con otros dos actores de la región que no pertenecen directamente al mundo árabe. Por un lado, con Turquía, también como consecuencia de la reciente política turca en términos de poder blando hacia los países de América Latina. Por el otro lado Colombia mantiene excelentes relaciones con Israel, sobre todo en el ámbito de los negocios relacionados con la seguridad y la agricultura, pero también por la presencia de una numerosa comunidad judía en el país.

Chile y Brasil: las comunidades árabes y la relación con los países de origen

Brasil y Chile comparten con Colombia historias parecidas en cuanto a presencia de migrantes árabes que llegaron a estos países en la época entre el final del siglo XIX y el principio del siglo XX. A diferencia de Colombia, Chile y Brasil recibieron mayores cantidades de migrantes, sobre todo debido a la política de abertura hacia la migración en estos países. Al contrario, Colombia mantuvo hasta las últimas décadas unas políticas particularmente restrictivas en términos de acceso al país para los migrantes, en especial modo hacia aquellas poblaciones que no procedían de Europa o del mundo occidental (Vargas, 2011). El análisis de las acciones de diplomacia cultural, los acuerdos comerciales, las relaciones entre estos países y los países árabes, así como el rol de las comunidades árabes en Chile y Brasil en el desarrollo de estas relaciones puede ser útil para reflexionar alrededor del rol

[7] La Cumbre América del Sur-Países Árabes es un evento que reúne a los países de América Latina y los países árabes. Su primer encuentro fue en 2005 y su principal promotor fue el Presidente de Brasil, Lula Da Silva. El objetivo de los encuentros es reforzar las relaciones entre las regiones desde el punto de vista político, económico y cultural.

[8] Los países árabes que tienen una representación diplomática en Colombia son Marruecos, Líbano, Siria, Egipto, Argelia y Palestina.

de la comunidad colombo-árabe como actor subnacional de poder blando entre Colombia y los países árabes.

Brasil ha enfocado su relación con el mundo árabe sobre todo en términos de negocios y comercio, aunque no hayan faltado las acciones de diplomacia cultural que se proponían consolidar estos objetivos. Los países de esta región con quienes Brasil más se implicó en términos de negocios y acuerdos de cooperación han sido Siria y Líbano, países de origen de una parte considerable de ciudadanos brasileños. En este caso el interés del empresariado brasileño en una relación comercial con estos países se debe principalmente a consideraciones que conciernen a las afinidades culturales (Vagni, 2005). Desde el punto de vista de la diplomacia cultural, y en la óptica de facilitar los negocios entre las partes, la acción más significativa ha sido la abertura de la Casa de Brasil en Beirut, un edificio dedicado a la cultura y los negocios y que bien representa la unión entre intereses culturales y económicos. Es interesante también destacar que los empresarios brasileños han utilizado empresas e intermediarios libaneses para comercializar sus productos en otros países de la región, como ocurrió en el caso de Irak, por ejemplo (Vagni, 2005).

Chile recibió desde el final del siglo XIX numerosos migrantes procedentes del mundo árabe, y en especial modo de los territorios de la Palestina histórica. La política exterior de Chile hacia los países del mundo árabe ha alcanzado cierta intensidad en la última década, especialmente en el ámbito de los negocios, la cooperación de la sociedad civil y en el ámbito político (Baeza, 2012). No obstante la intensidad en términos de política exterior tradicional, en los últimos años Chile casi no destinó fondos para acciones de diplomacia cultural hacia los países del mundo árabe. El carácter más interesante de esta relación reside en el rol que ha jugado la comunidad chileno-árabe como fomentadora de los contactos entre estos países (Baeza, 2012), por un lado, a través de la organización de eventos en la región, y por otra parte por las acciones de los empresarios chilenos, en gran mayoría de origen palestino, para fortalecer la relación entre Chile y el mundo árabe. Una de las medidas más importantes, y que representa los esfuerzos de los empresarios chilenos, ha sido la creación del Consejo Empresarial Chileno-Árabe (Baeza, 2012). La comunidad chileno-árabe también ha desarrollado un rol de particular importancia en términos políticos, tanto como factor de legitimación de la diplomacia chilena como por su "presión" sobre los políticos que hacen parte de la comunidad. El Estado chileno ha intentado "utilizar" la presencia de una comunidad de palestinos en el país como forma para legitimar sus relaciones, tanto políticas como económicas, con el mundo árabe. Como conclusión y forma de reflexión, Baeza

(2012) destaca la dificultad de penetrar el mundo árabe y el Medio Oriente sin comprometerse de alguna forma con los problemas políticos que caracterizan esta región. Por esta razón, los intentos del Gobierno de Chile no pueden considerarse completamente exitosos a causa de su postura como mero defensor de la legalidad internacional, fallando en el intento de establecer una relación de confianza entre los países del mundo árabe y Chile.

Colombia, la región Caribe y la comunidad colombo-árabe: poder blando y diplomacia de nicho

Colombia está actualmente enfocando una parte de su política exterior en el intento de mejorar la visión del país a nivel internacional y aumentar la confianza en su estabilidad, para así generar las posibilidades para una mayor inversión extranjera y convertirse en una meta del turismo global. En el ámbito de las inversiones que interesan, a todo el país, particular mención debe tener la región del Caribe, con el intento de promoverse como territorio para inversiones, especialmente como consecuencia de la firma de una serie de tratados de libre comercio (TLC) con varios países.[9] Bajo estas perspectivas la presencia de una comunidad de migrantes que se asentaron en Colombia en épocas anteriores puede ofrecer ciertas posibilidades en el momento de establecer acciones de diplomacia cultural o de poder blando que tengan el objetivo de conseguir acuerdos comerciales, inversiones extranjeras o un aumento del turismo internacional en una particular región del territorio colombiano. En el mismo sentido, la comunidad colombo-árabe, que se encuentra en particular modo asentada en la región Caribe, parece ofrecer un canal de comunicación preferencial con el mundo árabe y sus países de origen. Los descendientes de los primeros migrantes árabes se integraron por completo en la sociedad colombiana, aunque manteniendo rasgos de la cultura de origen, y una parte considerable de estos alcanzaron posiciones de poder dentro de la sociedad, especialmente en la región Caribe, por su involucramiento en la política local o como empresarios.

Las migraciones internacionales que se dieron en otras épocas, tal como la de los árabes en Colombia, pueden ser propedéuticas para unas políticas de diplomacia

---

[9] Los tratados de libre comercio han sido por varios años fuertemente criticados por parte de la sociedad colombiana, en especial el que se firmó con Estados Unidos. Los que critican estos tratados afirman que una política económica neoliberal y de libre comercio solo comportará aumentar la brecha social y las ventajas de los mismos no se materializarán en realidad para la gran parte de la población colombiana. Aunque se firmarán varios tratados de libre comercio, el debate alrededor de estos temas sigue abierto y legitimado por la inconformidad de parte de la población colombiana.

cultural, en este caso hacia el mundo árabe, y más en específico hacia los países del Levante, como Siria, Líbano y Palestina. Estas acciones permitirían, por un lado, reforzar los canales de comunicación entre Colombia, los descendientes de los migrantes árabes y esta región, y, por el otro, podrían alcanzar el objetivo de aumentar los negocios, el turismo y las inversiones extranjeras en Colombia y en la región Caribe, debido sobre todo a la confianza que puede generar la presencia de una comunidad de origen árabe.

El caso de Brasil sugiere que la cercanía cultural puede ser el factor fundamental para una exitosa relación comercial y en términos de negocios. Los actores subnacionales, o sea los miembros de la comunidad, en conjunto con las instituciones del Estado, son los más indicados para desarrollar estas relaciones y consolidar estos contactos. Desde el punto de vista del rol del Estado, una política de diplomacia cultural a través de la comunidad colombo-árabe puede permitir instaurar una cierta relación de confianza entre el Gobierno nacional y los gobiernos de proveniencia de esta comunidad, como Siria, Líbano y Palestina. Así como destaca el caso de Chile, es de particular importancia generar una cierta confianza para instaurar relaciones de tipo político y como consecuencia mejorar las relaciones económicas y de negocios. Esta confianza se construye en particular modo no únicamente gracias a la presencia de comunidades árabes, pero también a través del interés activo de un país en los problemas de orden político de la región de Medio Oriente. En este sentido, cabe considerar que Siria, Líbano y Palestina son los países que más que otros en la región se encuentran involucrados en un conflicto con otro país con quien Colombia tiene una relación especial: Israel. Estas condiciones de cercanías con diferentes actores del conflicto en Medio Oriente hacen que Colombia pueda tener la posibilidad de desarrollar una diplomacia de nicho, actuando como intermediario de confianza entre estos países. Un rol de intermediario que podría consolidarse de forma aún más considerable en el momento en que Colombia consiga resolver definitivamente el conflicto que azota al país y a sus ciudadanos desde hace varias décadas.

Conclusión

Este artículo tiene un carácter meramente exploratorio y quiere proporcionar una reflexión sobre las posibilidades que pueden ofrecer los descendientes de las comunidades de migrantes que llegaron en épocas pasadas como una herramienta de poder blando del Estado. Al mismo tiempo se sugiere que las acciones de diplomacia cultural que se dan en el marco de estas políticas pueden permitir instaurar sólidas relaciones entre los países de origen y el país de acogida, y al mismo tiempo generar confianza para objetivos que son de tipo político-diplomático, de negocios o de promoción del turismo en el país o en una región específica.

Con el objetivo de abrir un debate alrededor de esta hipótesis, se analizaron las posibilidades que la presencia de una comunidad colombo-árabe puede ofrecer en el ámbito de las teorías del poder blando, tanto para atraer inversiones económicas a nivel regional como para desarrollar a nivel nacional una diplomacia de nicho hacia la región del mundo árabe. Las principales condiciones que harían viable esta relación son varias. Por un lado el hecho de que los migrantes hayan llegado en épocas anteriores pero en diferentes oleadas, manteniendo así fluido y constante el contacto entre Colombia, la región Caribe de Colombia y el mundo árabe desde el punto de vista de los actores subnacionales. Otra condición favorable para el desarrollo de esta relación es la posición de poder que varios miembros de esta comunidad han conseguido en la sociedad tanto en el ámbito político como en el económico, especialmente en la región Caribe. Al mismo tiempo, la coyuntura económica y cultural que caracteriza al país, y en particular modo a la región Caribe, sugiere que existan las condiciones necesarias para su exitosa proyección internacional. Por último, pero no de menor importancia, es importante destacar la oportunidad que puede ofrecer la cercanía de Colombia a diferentes actores de los conflictos que en la actualidad sacuden la región de Medio Oriente.

Hasta el momento en este artículo ha sido considerado el posible aporte de la cultura, y de los migrantes como vehículos de la misma, para mejorar la posición de un país en el ámbito internacional, lo que sin duda puede ser también controversial. ¿Se debe considerar la diplomacia cultural como una simple herramienta para fomentar el turismo, los negocios o las inversiones internacionales en el ámbito de políticas neoliberales que suelen caracterizarse por el desmantelamiento de los derechos económicos, sociales y culturales, y que han ido a menudo en contra de un desarrollo más sostenible? Este artículo ha analizado con sentido práctico los objetivos concretos que se prefijan las acciones de diplomacias culturales implementadas por el Gobierno colombiano y la gran mayoría de los actores estatales: mejorar la visión del país en el exterior para obtener principalmente beneficios económicos que se pueden cuantificar en visitantes, acuerdos e inversiones. Resulta urgente discutir detenidamente hasta qué nivel se puede poner la cultura al servicio de los negocios, un debate imprescindible alrededor de las teorías del poder blando y la diplomacia cultural y que no ha sido analizado hasta el momento de la forma más adecuada.

Finalmente, se sugiere la importancia de unos estudios más profundos sobre el tema de las migraciones internacionales y las teorías del poder blando. Esta relación resulta ser particularmente importante en la perspectiva futura y en la óptica de la más reciente oleada de migraciones internacionales, especialmente en consideración de las futuras relaciones entre los Estados de acogida y los países de origen de las comunidades migrantes.

Referencias

Baeza, C. y Brun, E. (enero-abril de 2012). "La diplomacia chilena hacia los países árabes: entre posicionamiento estratégico y oportunismo comercial". *Estudios Internacionales*. No. 171, 61-85. Disponible en: http://www.revistaei.uchile.cl/index.php/REI/article/viewFile/20873/22062http://www.revistaei.uchile.cl/index.php/REI/article/viewFile/20873/22062

Cull, N. J. (2009). "Diplomacia pública: consideraciones teóricas". *Revista Mexicana de Política Exterior*. No. 85, 55-92. Disponible en: http://www.sre.gob.mx/revistadigital/images/stories/numeros/n85/cull.pdfhttp://www.sre.gob.mx/revistadigital/images/stories/numeros/n85/cull.pdf

Di Ricco, M. (2014). "Filling the Gap: The Colombo Árabes Emergence as Political Actors in Barranquilla and the Caribbean Region". *Revista de Derecho*, No. 41.

Gonzalez III, J. J. (2012). *Diaspora Diplomacy: Philippine Migration and its Soft Power Influences*. Minneapolis: Mill City Press.

Henrikson, A. (2006). Niche Diplomacy in the World Public Arena: The Global Corners of Canada and Norway. En J. Melissen (ed.), *The New Public Diplomacy. Soft Power in International Relations*, Palgrave: Londres, 67-87.

Ministerio de Relaciones Exteriores (2010). "Misión de política exterior de Colombia, Informe Final". Bogotá: Colombia. Disponible en: http://web.presidencia.gov.co/sp/2010/abril/16/mision_politica_exterior.pdfhttp://web.presidencia.gov.co/sp/2010/abril/16/mision_politica_exterior.pdf

________ (2012). *Memorias al Congreso 2011-2012*, María Ángela Holguín Cuéllar, Ministra de Relaciones Exteriores. Bogotá: Colombia. Disponible en: http://www.cancilleria.gov.co/sites/default/files/planeacion_estrategica/Memorias al Congreso 2011-2012.pdfhttp://www.cancilleria.gov.co/sites/default/files/planeacion_estrategica/Memorias%20al%20Congreso%202011-2012.pdf

Ministerio de Relaciones Exteriores (2013). "Promoción de Colombia en el exterior. Resumen ejecutivo". Bogotá: Colombia. Disponible en: http://www.cancilleria.gov.co/sites/default/files/informe-ejecutivo-2012-promocion-col-exterior.pdfhttp://www.cancilleria.gov.co/sites/default/files/informe-ejecutivo-2012-promocion-col-exterior.pdf

Nye, J. (1990). "Soft Power". *Foreign Policy*. No. 80, 153-171.

________ (2008). "Public Diplomacy and Soft Power". *Annals of the American Academy of Political and Social Science*. Vol. 616, 94-109.

________ (10 de diciembre de 2012). "Immigration and American Power. Today's Zaman". Disponible en: http://www.todayszaman.com/newsDetail_getNewsById.action?newsId=300721http://www.todayszaman.com/newsDetail_getNewsById.action?newsId=300721

Fawcett de Posada, L. (1991). "Libaneses, palestinos y sirios en Colombia". *Documentos Ceres*. No. 9, Universidad del Norte, Barranquilla: Colombia.

Vagni, J. J. (diciembre de 2005). "Brasil y la Cumbre América del Sur-Países árabes: ¿Encuentro estratégico o diplomacia de fanfarria?". *Contra Relatos desde el Sur. Apuntes sobre África y Medio Oriente*. Año I, No. 1, CEA, Centro de Estudios Avanzados, Universidad Nacional de Córdoba, Argentina, 101-128. Disponible en: http://bibliotecavirtual.clacso.org.ar/ar/libros/argentina/cea/contra/1.1/vagni.rtfhttp://bibliotecavirtual.clacso.org.ar/ar/libros/argentina/cea/contra/1.1/vagni.rtf

Vargas, P. (2011). *Pequeño equipaje, grandes ilusiones. La migración árabe a Colombia*. Bogotá: Taurus.

La política exterior de Turquía en el siglo XXI: la diplomacia cultural y el poder blando

Mehmet Ozkan*

Introducción

La política turca cambió radicalmente después del 3 de noviembre de 2002, cuando el Partido de la Justicia y el Desarrollo (AK Parti o PJD) ganó suficientes escaños en el Parlamento para formar un Gobierno en solitario. Considerado este hecho como un terremoto político, el PJD ha sido el primer partido que ha conseguido gobernar en mayoría en Turquía durante la última década (Insight Turkey, 2013).

Antes del Gobierno del PJD, Turquía había estado gobernada por ejecutivos de coalición. La política turca estaba muy lejos de la estabilidad y, en consecuencia, no se había producido un enfoque coherente de las cuestiones internas ni tampoco de las externas. En línea con la nueva orientación de los asuntos exteriores de Turquía después de la Guerra Fría, el PJD ha diseñado la política exterior de Turquía desde 2002, tanto en la forma como en el estilo. Como parte de esto, hoy se puede hablar de una nueva política exterior de Turquía con prioridades, instituciones y acercamientos a otras partes del mundo, como América Latina, África, Asia y otras regiones. Por lo tanto, es verdaderamente global en su orientación y creativa en términos de proyección exterior, pues utiliza más a menudo elementos como la diplomacia cultural y el *soft power* (poder blando, en castellano). Este artículo intenta contextualizar los elementos culturales y las instituciones en las que se sustenta el poder blando de la política exterior de Turquía.

---

* Politólogo, doctor en Relaciones Internacionales. Director del International Center for Terrorism and Transnational Crime (UTSAM) en la Turkish National Police Academy, Ankara, Turquía.

¿Cómo analizar a Turquía en el siglo xxi?

Tras la llegada al poder del PJD en 2002, la apertura de la política exterior de Turquía hacia regiones olvidadas durante mucho tiempo ha ido ganando profundidad y diversidad. Entre estas iniciativas, la más llamativa y nueva es la que ha tenido lugar en el desarrollo de las relaciones con América Latina, África y Asia. Para introducir estas relaciones en el curso general de la política exterior de Turquía es de vital importancia la comprensión tanto de la construcción de estas relaciones como de sus posibles implicaciones en otros procesos.

Si bien no es posible separar la apertura de Turquía hacia América Latina y otras regiones de las tendencias generales de su política exterior, sí es factible evaluar los fundamentos económicos, políticos e intelectuales de esta apertura en tres puntos básicos. Una correcta comprensión de la base intelectual que orienta dichas políticas proporcionará una respuesta a la pregunta de por qué Turquía ha comenzado a llevar a cabo este aperturismo hacia las diferentes regiones del mundo, que, por otra parte, habían sido descuidadas anteriormente por la política exterior turca.

Tras la llegada del PJD al poder, el primer cambio ha sido intelectual. Desde un punto de vista conceptual, se produjo una transición importante en la percepción geográfica de la política exterior turca y su relación con el resto del mundo. Turquía ya no interpreta el mundo como lo hizo durante el periodo de la Guerra Fría, sino que ha adoptado nuevos equilibrios de poder, aplicando nuevos conceptos para la comprensión de la política internacional dentro de un nuevo marco existente. Esta transición y transformación intelectual ha surgido tanto por las consecuencias producidas por los cambios en la política mundial como por la propia dinámica interna de la política de Turquía.

El país otomano está actualmente mirando hacia su área de influencia y al resto del planeta con una perspectiva nueva y diferente. Como consecuencia de este aspecto se han producido cambios radicales en su acercamiento a América Latina, África, Asia y Oriente Próximo. De acuerdo con esta nueva percepción, estas regiones no se consideran como algo lejano, sino como posibles socios con los que se deben establecer y desarrollar nuevas relaciones políticas y económicas, y con los debe llevarse a cabo la unidad de acción cuando sea necesario.

La segunda transformación, que constituye la base económica de las aperturas, han sido los esfuerzos de Turquía para reposicionarse en una economía global cambiante. Aunque el aumento de la participación de Turquía en la economía mundial comenzara a partir de 1980 con los esfuerzos de Turgut Özal (Ataman, 2008), se estableció un compromiso económico cada vez mayor después de 2002, ya en la era del PJD (Ünay, 2011; Babacan, 2011). Desde que el PJD tomara las riendas del ejecutivo, Turquía ha estado tratando de desarrollar una nueva configuración regional y global, basada, sobre todo, en los componentes históricos y culturales. La proyección internacional de Ankara hacia las diferentes regiones del mundo ha estado basada en unas iniciativas sistemáticas, proactivas y dinámicas en lugar de desarrollarse como meros apéndices de sus relaciones con Occidente (Davutoğlu, 2008). En este contexto, la definición que hace Turquía de sí misma como un *país central* en lugar de un *puente* es un indicador de la nueva visión. De esta forma, Turquía comenzó a abrirse hacia otras regiones como América Latina, con una asociación institucionalizada y jugando un papel más activo en la política exterior. Por lo tanto, la concepción de los asuntos exteriores del PJD es más amplia y cuenta con una mayor profundidad en el estilo y la expresión que la de la era Özal. Como resultado final, cabe pensar que, probablemente, tenga mayores beneficios en el largo plazo (Ozkan, 2011a, 2011b).

En tercer lugar, los fundamentos políticos de la nueva política exterior de Turquía son paralelos a los dos enfoques mencionados previamente: el primero es aumentar las actividades de Ankara en todas las regiones, organizaciones internacionales y en las propias relaciones internacionales. En segundo lugar, incrementar las actividades de Turquía para contribuir a la paz regional y mundial. Actualmente, Turquía no es un país propenso a la crisis, sino que persigue una política exterior con una visión y una perspectiva específicas. Dentro de la visión política de Turquía, sus relaciones con América Latina, África y Asia no son una alternativa a las relaciones con Occidente, al igual que tampoco suponen una contradicción. En un mundo donde el sistema internacional ya no es bipolar, Turquía quiere mostrar una presencia activa en todas las organizaciones internacionales y regionales. Un comportamiento político y un contexto que, por otra parte, han determinado sus posiciones en materia de asuntos exteriores.

En la aplicación de estos cambios en la política exterior, el poder blando y los elementos culturales tienen un papel muy importante. La actual élite política gobernante ha invertido en elementos culturales y en el discurso religioso para promover la visibilidad de Ankara en regiones alejadas de su zona de influencia más directa. Por ejemplo, existe un interés creciente por Turquía entre los países de Oriente Próximo (Anaz, 2011). Así pues, Turquía se considera un poder blando emergente en toda la región. La capacidad de poder blando del país otomano en la actualidad se puede explicar como una confluencia de diversos factores: localización geográfica, profundidad cultural, fortaleza económica y democracia.

La aceptación mayoritaria por parte de terceros Estados de las políticas de un país como legítimas define la capacidad de *soft power* de dicho país. Hay varios factores que alimentan el poder blando, entre ellos la cultura, los medios de comunicación, la literatura, la arquitectura, la educación superior, las organizaciones no gubernamentales, el turismo, las plataformas para la cooperación económica y la diplomacia. El poder blando surge como una combinación de estos elementos y nos da una idea de la riqueza cultural de un país y el capital social que posee. Según Joseph S. Nye, el poder blando explica "el atractivo de la cultura de un país, sus nociones políticas y su desarrollo político" (Nye, 2011).

La diplomacia cultural en la política exterior turca

El poder blando de Turquía es diferente al de otros países, tanto en su forma como en su contenido. Su potencial se desprende de la experiencia histórico-cultural que ha heredado, que se extiende desde los Balcanes hasta algunas partes interiores de Asia Central. Los valores de Turquía, así como su historia y profundidad cultural, han movilizado la dinámica regional y brindando oportunidades para la creación de nuevas esferas de influencia. La herencia otomana reúne a una gran variedad de grupos étnicos y religiosos, elemento que les permite relacionarse con una experiencia compartida en espacio y tiempo. Hoy, Turquía representa el punto central de este patrimonio. No obstante, ello no constituye una nueva aventura imperial, denominado por algunos como "neo-otomanismo". Más bien se trata de un proceso por el cual el nuevo imaginario geopolítico de Turquía, unido a las nuevas posibilidades existentes dentro del sistema político mundial, permite a la gente de la región reconciliarse con su historia y geografía (Kalın, 2011). Esta herencia histórica desempeña en la actualidad un papel importante en la definición de las esferas del poder blando en Turquía.

Ankara está llevando a cabo una diplomacia cultural y de poder blando a través de sus diversas instituciones. Muchos organismos e instituciones públicas realizan esta función, directa o indirectamente. Por ejemplo, TIKA (Cooperación Internacional Turca y la Agencia para el Desarrollo), Kızılay, TRT (Televisión Nacional de Turquía), los centros culturales Yunus Emre o la Oficina de Diplomacia Pública (KDK) son activos en la diplomacia a través de las actividades políticas, económicas y culturales.

Instituciones clave en la diplomacia cultural de Turquía

Centros culturales Yunus Emre

Recientemente, Turquía ha comenzado a sacar partido en el extranjero de su idioma, su arte y su cultura mediante los centros culturales Yunus Emre (Kaya y Tecmen, 2011). En cuanto a la misión y los objetivos, los Yunus Emre son similares al Instituto Goethe, al Centro Cultural Británico o al Instituto Cervantes: todos trabajan en la promoción de la cultura, el idioma y las artes de un país específico.

Los centros culturales Yunus Emre, puestos en funcionamiento por el Ministerio de Relaciones Exteriores como una iniciativa estatal, actúan "con el fin de promover la cultura turca, el idioma y el arte con el fin de contribuir a las relaciones bilaterales entre Turquía y otros países, así como para ayudar a los ciudadanos turcos en su adaptación al país en que viven".[1] Estos centros culturales se encuentran por todas partes del mundo, incluidas ciudades como Berlín, Hannover, Colonia, Frankfurt, Almaty, Ashgabat, Sarajevo, Teherán, Amán, Bagdad, Jerusalén, Damasco, etcétera.

La Fundación Yunus Emre se constituyó como fundación estatal, acorde con la Ley 5653, el 5 de mayo de 2007 y tiene establecida su sede en Ankara. Actualmente hay 24 centros culturales Yunus Emre distribuidos por 17 países de todo el mundo. El objetivo de su creación es la difusión de la cultura y el idioma turco. La rápida proliferación de Yunus Emre en distintos países europeos, los Balcanes y ciudades de Oriente Próximo representa las prioridades de la política cultural con respecto a la diplomacia cultural turca.

También es importante recalcar que estos centros culturales han tenido un importante papel en la política exterior turca. Por ejemplo, mientras Ertuğrul Günay, ex ministro de Cultura y Turismo, llama a estos centros "el pilar civil de la política exterior" (*Yunus Emre Bulletin*, 2010); el ministro de Relaciones Exteriores, Ahmet Davutoglu, señala que "la política exterior no se lleva a cabo únicamente con la diplomacia, sino de manera conjunta con las redes culturales, económicas y sociales", en una clara alusión a los centros. Sostiene, además, que la misión de Yunus Emre se relaciona con la dimensión estratégica de la política exterior turca de cara a la divulgación de la lengua turca, la protección del patrimonio cultural de Turquía y la difusión de su cultura en el mundo. "Esto nos permitirá poner nuestra riqueza histórico-cultural en la estrategia actual", explica (*Yunus Emre Bulletin*, 2010).

---

[1] http://www.mfa.gov.tr/

Del mismo modo, en su discurso en Tirana, Albania, el presidente turco, Abdullah Gül, destacó que "estos centros son el poder invisible de Turquía. Me refiero a la preservación de la vitalidad de su patrimonio cultural, que es uno de los mayores potenciales de nuestro estado. No muchos países tienen este poder. Debemos apreciar su valor".[2]

Por otra parte, el simbolismo en el nombre del instituto y la ubicación de los centros es un reflejo de los cambios en las prioridades de la política exterior. En este sentido, el hincapié en algunas regiones, sobre todo en los Balcanes y Oriente Próximo, es suplementario al enfoque de poseer un legado cultural común. Esta visión se complementa, además, con un énfasis en la lengua turca y el legado histórico.

Con respecto al nombre de los centros culturales es importante recalcar que Yunus Emre, turco y místico sufí de finales del siglo XIII y principios del XIV, es considerado el poeta pionero de la cultura turca. Su nombre fue elegido por parte del poder público para bautizar los institutos responsables de transmitir la importancia del idioma turco.

Otro aspecto a tener en cuenta es que hay varias iniciativas que hacen hincapié en la importancia de la lengua turca a la hora de crear y fortalecer los lazos culturales. Uno de estos esfuerzos es el Acuerdo Relativo a la Administración Conjunta de la Cultura Turca y las Artes (Türksoy), firmado el 12 de julio de 1993, en Almaty, por Turquía, Azerbaiyán, Kazajistán, Kirguistán, Uzbekistán y Turkmenistán. El acuerdo Türksoy prevé la cooperación entre los países de habla turca; por lo tanto, los objetivos y las actividades de Türksoy giran en torno a la identificación y promoción de los valores comunes de estos países, que están en consonancia con la creciente importancia del Estado en la lengua y literatura turca.

Para revelar el papel de la política exterior en la promoción de la cultura de Turquía en el extranjero es importante tener presente que el país no ha adoptado una política cultural exterior oficial. La diplomacia cultural está amparada por la jurisdicción del Ministerio de Relaciones Exteriores. En el marco de los esfuerzos de promoción cultural, el Ministerio participa en acuerdos bilaterales y multilaterales sobre la base de las diversas prioridades y principios. El Ministerio de Cultura y Turismo, por su parte, es otra institución importante en la promoción de la cultura turca en el extranjero. Estos esfuerzos de promoción dependen en gran medida de las relaciones políticas y prioridades de la política exterior.

---

[2] Véase "Gül, Tiran'da Türk kültür merkezi açtı", 11 de Diciembre de 2009, http://www.istanbulhaber.com.tr/haber/gul,-tiranda-turk-kultur-merkezi-acti-22225.htm

La Televisión Nacional de Turquía también contribuye a la diplomacia cultural. Todos los años, el 23 de abril, se celebra el Festival Internacional de los Niños, cuyo lema es "Amor, amistad y paz". La idea del evento es reunir a niños de todas partes del mundo para determinar la apertura de la Asamblea Nacional Turca.

En las últimas dos décadas, las autoridades turcas han estado trabajando arduamente para internacionalizar este evento. Sus esfuerzos dieron como resultado la participación de grupos de niños de todas partes del mundo. Durante su estancia en Turquía, los niños extranjeros se alojan en las casas familiares, lo que representa una gran oportunidad para interactuar con los niños turcos y, además, aprender sobre los países y las culturas de los demás participantes. Los grupos de niños extranjeros también participan en la sesión especial de la Asamblea Nacional. Esto se traduce en una asamblea internacional donde los niños prometen su compromiso con la paz y la fraternidad entre los pueblos. El festival se celebra a nivel internacional desde 1979 y siempre ha mantenido la misma fecha: el 23 de abril. Hay que destacar la importancia de este día debido a que se ha reconocido por parte de la mayoría de países, más en concreto por el organismo de las Naciones Unidas dedicado a la protección de los menores (Unicef), como el "Día Internacional de la Infancia".

Este festival se celebra cada año con la participación de unos 50 países. Entre 1979 y 2000, las celebraciones se llevaron a cabo en la capital turca, Ankara. En los años siguientes, varias ciudades importantes de Turquía, como Esmirna, Estambul y Antalya han acogido el certamen. Nane Annan, esposa del ex secretario general de Naciones Unidas, Kofi Annan, fue la invitada de honor de este festival en el año 2000. Por último, en 2013, los niños turcos recogieron juguetes para los niños refugiados sirios, quienes se unieron al evento.[3]

Diyanet y religión

La religión y las relaciones históricas desarrolladas a partir de su doctrina son elementos importantes en la diplomacia cultural de Turquía, de tal forma que la religión puede incluso considerarse como fuerza legitimadora clave. Esto es válido tanto a nivel estatal como social. Hasta hace poco, la Dirección de Asuntos Religiosos de Turquía (Diyanet) no tenía un papel preponderante en la política exterior. Su objetivo principal era atender las necesidades religiosas de los internos musulmanes. Con el

---

[3] "World's Children enjoy April 23 Nationwide", 23 de Abril de 2013, http://www.turkeytribune.com/turkey-tribune/worlds-children-enjoy-april-23-nationwide.html

cambio de la política exterior de Ankara a un espectro multidimensional, la religión ha servido como elemento de poder blando, especialmente en África y los Balcanes.

Diyanet reúne en Estambul a los líderes religiosos provenientes de África para una serie de encuentros. La primera reunión de líderes religiosos de los países musulmanes africanos y sus sociedades se celebró en Estambul en noviembre de 2006, con la participación de representantes de 21 países (Deniz y Orakci, 2006). Hasta hace poco, Turquía, que es un estado laico, se ha abstenido deliberadamente de su participación en cualquier reunión islámica o religiosa. Sin embargo, esto comenzó a cambiar después de que el PJD llegara al poder en 2002. La visita de los líderes religiosos africanos a Estambul está directamente relacionada con dos cambios fundamentales en el paradigma de la política exterior turca. Ankara empieza a considerar los elementos religiosos como uno oportunidad para promover sus intereses a través de instrumentos de poder blando. Y, en segundo lugar, Turquía entiende que la apertura política a muchas regiones no estaría completa o sostenida sin una dimensión religiosa. Este último hecho, y sobre todo en el caso de África, está directamente vinculado con el pasado otomano. Esta afirmación resulta evidente porque casi todos los líderes religiosos africanos presentes en esta reunión destacaron el legado otomano en sus países de manera positiva y añadieron que deseaban restaurarlo.[4]

Diyanet organizó una segunda reunión en Estambul y Ankara entre el 21 y el 25 de noviembre de 2011. En esta reunión, las autoridades religiosas musulmanas de África pidieron a Turquía ayudar en la educación islámica en las comunidades africanas. En una declaración conjunta, instaron a que "las instituciones educativas similares a las escuelas Imam-Hatip en Turquía se debían utilizar como un ejemplo para las escuelas en África, así como respaldarlas con facultades en las que se imparta una educación religiosa superior" (*Hurriyet Daily*, 2011).

A nivel más amplio, Diyanet también prevé contribuir al desarrollo de la educación religiosa y a crear un ambiente de calidad para la oración en África, América Latina (Ozkan, 2014) y los Balcanes. Por esta razón, Diyanet está ayudando a establecer nuevas mezquitas. Esto sitúa a la religión como un elemento característico de la participación de Turquía en los distintos continentes, sobre todo en África.

Muchas organizaciones de la sociedad civil también recurren a la religión para legitimar y motivar sus actividades en muchos lugares. Grupos religiosos tradicionales de Turquía se están involucrando activamente en el continente con múltiples

---

4 *Final Communiqué* (1-3 de noviembre de 2006), http://www.diyanet.gov.tr/turkish/bildiri.asp?id=123

proyectos. La Fundación Hudayi, el Movimiento Gülen y Suleymancılar son solo algunos de ellos.

La Fundación Hudayi, por ejemplo, destaca la especial importancia de la familia, la sociedad y las cuestiones educativas. Como parte de sus proyectos en muchas partes del mundo, la Fundación Hudayi cuenta con oficinas en nueve países africanos, en su mayoría situados en África Central y Occidental, y desde estas oficinas cubre más de 40 países del continente. La principal actividad de la Fundación Hudayi es la educación: dirige escuelas Imam-Hatip, escuelas religiosas y colegios en las que los graduados pueden trabajar como docentes en el país. Las escuelas localizadas en África siguen al detalle el modelo de la versión turca, pero con pequeñas diferencias, tales como el idioma de enseñanza, que es el francés, y otros elementos locales.[5]

Suleymancılar se define a sí mismo como un grupo religioso formado por alumnos y seguidores de Suleyman Hilmi Tunahan (1888-1959). Ha participado activamente en África y otras regiones mundiales. Es muy activo desde finales de los años noventa en muchos países como parte de su educación islámica (Ozkan, 2013).

Otro grupo religioso que es muy activo es el Movimiento Gülen. Este movimiento se inspira en las enseñanzas del erudito turco e islámico Fethullah Gülen, cuyos escritos se leen por parte de sus súbditos como una doctrina de virtuosa energía. El Movimiento Gülen está vinculado a más de mil escuelas repartidas por todo el mundo. A partir de finales de los años noventa, las escuelas administradas por los seguidores de las enseñanzas de Gülen comenzaron a surgir en toda el África subsahariana y América Latina, entre otras regiones. Para el Movimiento Gülen, el islam ha sido un área prioritaria de la última década en términos de expansión de la red. Inicialmente, el Movimiento solo estaba interesado en la apertura de escuelas laicas en África. Sin embargo, en los últimos años se están abriendo escuelas religiosas, como Imam-Hatip, en muchos más continentes.

Ayuda oficial al desarrollo: TIKA, AFAD y Kizilay

Es factible considerar a Turquía como un donante importante de Ayuda Oficial al Desarrollo (AOL), porque uno de los aspectos definitorios de su nueva política exterior es el aumento de los programas de asistencia humanitaria y de políticas de cooperación para el desarrollo. El presupuesto de AOL se ha incrementado exponencialmente en los últimos años. Turquía inició sus actividades de ayuda y

5 http://www.hudayivakfi.org/ayin-makalesi/183-afrka-seyahat-notlari.html

cooperación ya en 1985. Estas estuvieron más coordinadas una vez que TIKA se creara en el año 1992. TIKA tiene oficinas de coordinación en un total de 26 países, distribuidos por África, Asia y Europa. Su principal labor es la entrega de asistencia para políticas de cooperación al desarrollo a través de proyectos técnicos y actividades humanitarias en más de 80 países.

TIKA es un organismo autónomo pero dependiente de la oficina del Primer Ministro. Su función principal es establecer un puente entre las necesidades y la experiencia que poseen los ministerios y agencias turcas asociadas para las políticas de cooperación para el desarrollo. TIKA también es la principal institución estatal responsable de los informes y la recopilación de datos. Las categorías de la ayuda oficial al desarrollo proporcionada por TIKA incluyen proyectos de cooperación técnica, inversiones directas, préstamos y créditos, asistencia humanitaria, construcción de la paz y las contribuciones a las organizaciones internacionales para apoyar esfuerzos conjuntos.

TIKA se estableció inicialmente para ayudar a la transición de los estados de Asia Central, el Cáucaso y los Balcanes. No obstante, desde 2003 se ha ido transformando en un organismo de ayuda más global y amplio en lo que respecta a su área de operación. Por ejemplo, en el periodo 1992-2002, TIKA puso en marcha un total de 2346 proyectos y actividades (Sahin, 2007; Fidan y Nurdun, 2008). En cambio, estas mismas iniciativas de TIKA entre los años 2003 y 2006, sobre todo en África, Oriente Próximo y los Balcanes, se ampliaron hasta las 2780.

El importe de la ayuda internacional de TIKA ha aumentado exponencialmente desde 2004. La cantidad anual entre 2002 y 2004 ascendió hasta un total, aproximadamente, de 80 millones de dólares, mientras que el promedio anual llegó a 700 millones de dólares entre 2006 y 2009. En 2010, en cambio, esta cifra alcanzó los 967 millones de dólares. Según el informe de la OECD/DAC sobre cooperación al desarrollo, Turquía, que fue el número uno en 2006 entre los donantes emergentes, en 2007 y 2008 ocupó el segundo lugar después de la República de Corea (OECD, 2009).

Turquía también da apoyo económico directo a los proyectos de desarrollo a través de organizaciones internacionales, a pesar de que, tanto en 2008 como en 2009, la ayuda multilateral solo representó alrededor del 6 % del total (OECD, 2011). En 2008, Turquía donó 7,5 millones de dólares a varios países africanos a través de organizaciones internacionales. En ese mismo año, Ankara donó 3,5 millones de dólares en ayuda humanitaria, mientras que en 2009 se hizo una modesta donación de 0,5 millones de dólares al presupuesto de la Unión Africana (Ozkan y Akgun, 2010).

En 2007, Turquía organiza por primera vez una cumbre de los Países Menos Adelantados (pma) en Estambul, donde se comprometieron 20 millones de dólares de aol para estos países y en la que, además, prometió otros tres millones adicionales para la lucha contra la epidemia del sida en tres años. En mayo de 2011, tuvo lugar la cuarta Conferencia de las Naciones Unidas sobre los pma, celebrada también en Estambul.[6] Al final, los países participantes acordaron establecer por primera vez un mecanismo que controle y realice un seguimiento al mantenimiento de las promesas y compromisos adquiridos por parte de los Estados.

La participación en ayuda humanitaria de Turquía fue más visible cuando la sequía y la situación de hambruna empeoraron en el este de África. El 19 de agosto de 2011, el primer ministro turco, Recep Tayyip Erdogan, visitó Somalia, posiblemente el país más afectado por el hambre y la sequía, para llamar la atención internacional sobre la situación de elevada mortalidad que afronta el país. Se ha convertido en el primer líder no africano en visitar Somalia en casi dos décadas. Erdogan llevó consigo a su esposa, su hija y un grupo formado por los miembros de su gabinete y demás familiares. Visitó los campamentos de refugiados y hospitales en Somalia para ser testigo de la devastación causada por la grave sequía. Esta visita fue acompañada de una campaña de ayuda masiva por parte de Turquía, que se estima en aproximadamente 600 millones dólares, que fueron recaudados para ese fin tanto por el aparato del Estado como por las organizaciones de la sociedad civil.

También hay otras dos instituciones del Estado adscritas a la Oficina del Primer Ministro de Turquía para ayudar a las zonas en crisis de todo el mundo. La primera es la Oficina de Desastres y Manejo de Emergencias de la Presidencia de Turquía (afad), que se estableció en el año 2009 con el fin de tomar las medidas necesarias para la gestión de las cuestiones de protección civil eficaz en casos de emergencia nacional. La afad realiza trabajos con anterioridad a los incidentes, tales como la preparación, mitigación y gestión de riesgos. Aparte, durante los incidentes pone en marcha acciones como atender a las urgencias que pudieran surgir. Finalmente, después de los incidentes emprende tareas como la recuperación y la reconstrucción de la zona afectada. La afad también coordina y formula políticas de instrumentación entre el Gobierno, las ong y las instituciones privadas de Turquía.

La segunda es la Media Luna Roja (Kızılay). Kızılay es la mayor organización humanitaria en Turquía y forma parte del movimiento de la Cruz Roja Internacional. La organización fue fundada bajo el imperio otomano el 11 de junio de 1868.

---

6 http://www.ldc4istanbul.org

En 1877, la organización recibió el nombre de la Hilali Ahmer Sociedad Otomana, aunque esta denominación cambia al Hilali Ahmer Sociedad de Turquía en el año 1923, justo antes de convertirse en la Sociedad de la Media Luna Roja Turca, ya en 1935 (Korkut, 2013). Desde entonces, la organización ha trabajado para aliviar el sufrimiento dentro de Turquía, pero también ha ofrecido una mano más allá de sus fronteras, como en los Balcanes, Asia Central, Oriente Próximo, África, sudeste asiático y el Cáucaso. La Media Luna Roja Turca ha trabajado en un total de 78 países diferentes.

Becas del Gobierno turco y YTB

La Presidencia de Turcos y Comunidades Relacionadas en el Exterior (YTB) se estableció con el fin de ayudar a los ciudadanos turcos que viven en el extranjero y para fortalecer los vínculos con las comunidades relacionadas. De acuerdo con la primera parte de la Ley 5978, que especifica la creación del departamento, el principal objetivo de la organización es trabajar con los ciudadanos turcos residentes en el exterior y ayudar a resolver sus problemas. La segunda sección de la ley proporciona información detallada acerca de los servicios y de las actividades del departamento. La organización gestiona nuevas actividades sociales, culturales y económicas con los ciudadanos turcos y sus descendientes residentes en el exterior de acuerdo con sus necesidades y demandas. Se menciona que las actividades de la organización están dirigidas no solo a los ciudadanos turcos y sus descendientes en el extranjero, sino también a las organizaciones de emigrantes, ONG y organizaciones profesionales en el exterior. Además, vale la pena mencionar que, a pesar de que el foco principal de las actividades es la diáspora turca, el departamento también se ocupa de los estudiantes extranjeros que vienen a estudiar a Turquía y coordinar las becas otorgadas por Ankara a miles de estudiantes foráneos.

La Turquía moderna tiene una economía robusta, una sociedad abierta, dinámica, y una democracia avanzada. En la última década, el país otomano ha logrado un notable crecimiento económico y un progreso sustancial en los ámbitos político y social. Turquía es una de las economías con mayor crecimiento del mundo y, ahora, representa la sexta economía más grande de Europa y la decimosexta si la comparamos a nivel mundial. Al incluir este crecimiento económico en la diplomacia cultural, Ankara se ha ganado un papel destacado en la política exterior y en el poder blando.

Turquía abre las puertas de sus universidades a estudiantes extranjeros de todo el mundo y les ofrece la adquisición de nuevas perspectivas. Las becas otorgadas por el Gobierno turco no tienen carácter reembolsable. Así pues, estas ayudas se ofrecen solo a los estudiantes internacionales que se forman en el nivel de educación superior. El objetivo principal radica en mejorar el entendimiento mutuo con otros países y contribuir a la riqueza de una información global con un enfoque orientado a las personas. En 2012, 10 000 estudiantes habían podido cursar sus estudios superiores gracias a estas becas, cifra que se eleva hasta los 12 000 en el año 2013. Los estudiantes que reciben estas ayudas a la formación son en su mayoría de países subdesarrollados. Los estudiantes procedentes de África, América Latina, Asia y Oriente Próximo tienen prioridad.

Sociedad civil: IHH y Tuskon

En términos generales, hasta hace poco tiempo, el papel de la sociedad civil en las relaciones exteriores de Turquía había sido bastante limitado y había desempeñado, por lo general, un rol complementario a la política estatal. Sin embargo, en la primera década de comienzos del siglo xxi, probablemente por primera vez en la era republicana, las organizaciones de la sociedad civil han contribuido no solo a la política exterior, sino que también han promovido activamente determinadas políticas que han sido respaldadas por el ejecutivo, aunque no desde una perspectiva económica. Las asociaciones empresariales conservadoras, que ideológica y políticamente no están muy lejos del PJD, como la Confederación de Empresarios e Industriales de Turquía (Tuskon), y las organizaciones internacionales de ayuda, como la Fundación para los Derechos Humanos y las Libertades y la Ayuda Humanitaria (IHH), han allanado el camino para la aceleración de las relaciones entre Turquía, África y Latinoamérica, que ejemplifican los intereses convergentes entre el Estado y la sociedad civil.

Tuskon, especialmente a través de las reuniones del World Trade Bridge, ha sido pionera en traer empresarios africanos, latinoamericanos y asiáticos a Turquía y alentar a las empresas turcas para expandirse en esas regiones. Estos encuentros se han llevado a cabo interrumpidamente desde 2006, con un aumento progresivo cada año en los intervinientes. Tuskon también envía varias delegaciones a las regiones mencionadas anteriormente para examinar las oportunidades de inversión en aquellos lugares.

IHH ha puesto en marcha muchas obras de desarrollo, que abarcan desde la educación hasta los temas sanitarios y de desarrollo humano, en 143 países del mundo. Ahora está ayudando a miles de personas con su proyecto de salud relativo al tratamiento de las cataratas y realizado en hospitales de Sudán. IHH contribuye directamente a numerosos proyectos, incluyendo algunos relativos a la perforación de pozos y creación de escuelas y hospitales en muchos países africanos (Oruc, 2001).

Por otra parte, diversas organizaciones de la sociedad civil, como Cansuyu y Kimse Yok Mu, están activas en muchas partes del mundo a través de multitud de proyectos. Proporcionan la ayuda necesaria a la población en áreas como la educación y la salud, a lo que tenemos que sumarle la ayuda que prestan a los estudiantes para asistir a las universidades turcas como becados.

Otros elementos

Telenovelas turcas

En los últimos años, desde Marruecos hasta los países del Golfo, los árabes se han familiarizado con productos turcos de exportación que, en cuestión de pocos años, se han introducido en la gran mayoría de mercados y tiendas. Siguiendo un camino similar, otro producto turco que ha entrado en las casas de los árabes, y ha revolucionado muchos aspectos de su vida, han sido las series televisivas turcas. Consideradas por el sector económico turco como un producto exportable, las series televisivas han creado una adicción y pasión sin igual, que no distingue entre países, sexos o clases. En definitiva, un fenómeno social sin parangón alguno. Las series de televisión turcas han contribuido al cambio de percepción del país otomano. Sin formar parte de la estrategia del PJD o de Turquía, estas series han sido embajadoras de la diplomacia turca y un auténtico revulsivo de cambio en muchos países. El fenómeno es, en sí mismo, causa y efecto del poder blando de Ankara en los países árabes.

La creciente popularidad de las telenovelas turcas en la región es otro indicador del potencial del *soft power* de Turquía en la región. Además de las iniciativas económicas y políticas, Turquía ha exportado recientemente sus telenovelas a Oriente Próximo, el Cáucaso, los Balcanes y el norte de África. Este hecho también puede considerarse como una especie de poder blando. Según Cevik, Turquía constituye un ejemplo de una sociedad musulmana que coexiste con los valores políticos occidentales (Cevik, 2011) y que es vista como una potencia emergente cada vez mayor en diversas regiones (Altınay, 2008). Las telenovelas como *Gümüş, Ihlamurlar Altında* y *Kurtlar Vadisi* se han popularizado en la región de tal manera que han convertido a Turquía en un *soft power* cultural en su entorno más próximo.

Las telenovelas fueron tan exitosas que, por ejemplo, el último episodio de *Gümüş* fue seguido al mismo tiempo por 85 millones de espectadores, repartidos por todo el mundo árabe. Según la cadena que retransmitía la serie, la Middle East Broadcasting Center, de esos 85 millones de espectadores, 50 de ellos eran mujeres. Solo en Arabia Saudí, cada capítulo de la serie era seguido por entre tres y cuatro millones de espectadores (Buccianti, 2010). Atrás quedaban las series mexicanas dobladas en árabe culto y cuyo contexto era ajeno a las sociedades árabes. O las series televisivas locales de Egipto y Siria de tramas y escenarios repetitivos y presupuestos modestos. Las series turcas en el mundo árabe han creado un fenómeno similar al ya conocido por series como *Dallas* en España, o en la misma Turquía hace ya más de dos décadas. Como argumenta también Lucini (2011), la diferencia entre las series latinoamericanas y de otros países y las series turcas es que existen una serie de componentes culturales comunes con la sociedad árabe que han permitido establecer una fuerte conexión.

Visto desde un punto general y en términos de diplomacia, las series fueron muy importantes para abrir nuevos canales entre Turquía y otros países. Las series de televisión turcas combinan muy bien la realidad con la fantasía; la realidad, incorporando problemas similares a los que se encuentran los árabes en sus vidas, tanto a nivel personal como de pareja o familiar, y la fantasía, con una combinación entre el lujo de las clases altas de Turquía, las espléndidas vistas de Estambul y las villas a orillas del Bósforo. Si, por una parte, el componente imaginario despierta la atracción de los árabes por Turquía, y ha sido uno de los factores más claros del aumento exponencial del turismo árabe en el país, el componente real abre la puerta al debate, sea en los medios o en cualquier tipo de reuniones sociales, acerca de cuestiones que incumben a la sociedad y, en muchos casos, a la situación de la mujer en los países árabes. A través de las series turcas, se ha creado una nación imaginaria "arabizada" en la que las creencias y las tradiciones prevalecen, pero en la que los modos de vida son menos restrictivos. Una simple producción televisiva ha funcionado como herramienta para provocar un cambio e influir en la manera de pensar, al mismo tiempo que ha sido útil para que se perciba a Turquía de una forma distinta.

Conclusión

Turquía es una de las potencias emergentes del siglo XXI en términos de economía y política tanto en su región como en otras áreas del mundo. La comprensión de los elementos culturales de su política exterior no solo determinará una parte de la política exterior turca, sino que también permitirá explicar su fuerza, de una manera comparativa, con otras potencias emergentes, como India, China, Brasil o Rusia.

A diferencia de otros gobiernos, Ankara ha comenzado a utilizar la diplomacia cultural más recientemente, pero de forma muy eficiente. Esto se debe a que la sociedad civil turca joven está liderando este proceso y abriendo el camino para que el Estado continúe en su ascenso. Esta convergencia entre Estado y sociedad ha acelerado la puesta en práctica de la diplomacia cultural en las relaciones exteriores y ha ayudado a hacerla más eficaz. Al mismo tiempo, Turquía ha establecido organismos e instituciones para la formalización, organización y, siempre que sea posible, la coordinación de las políticas, que representan una parte nueva en las relaciones exteriores del Gobierno con América Latina, África, Asia y otros lugares.

Si se tiene en cuenta la evolución actual y los grupos nacionales que actúan en la política exterior turca, se puede afirmar que la diplomacia cultural tendrá más importancia en las relaciones exteriores de Ankara y jugará un rol de apoyo en muchas áreas. Finalmente, esto representará un proceso en el que instituciones como TIKA, Yunus Emre, YTB, TRT, Diyanet y muchas otras desempeñen un papel más importante tanto en la elaboración como en la aplicación de la política exterior de Turquía.

Referencias

Altınay, H. (2008). "Turkey's Soft Power: An Unpolished Gem or an Elusive Mirage?" *Insight Turkey*. Vol. 10, No. 2.

Anaz, N. (2011). "Understanding the US and EU Foreign Policy in the Middle East Before and After 9/11". *Estudios Políticos*. No. 38.

Ataman, M. (2008). "Leadership Change: Özal's Leadership and Restructuring in Turkish Foreign Policy". *Alternatives: Turkish Journal of International Relations*. Vol. 7, No. 1.

Babacan, M. (2011). "Un 'cambio de eje' que se desvanece: una perspectiva desde el comercio exterior turco", *Awraq*. Vol. 2, No. 4.

Buccianti, A. (2010). "Dubbed Turkish Soap Operas Conquering the Arab World: Social Liberation or Cultural Alienation?". *Arab, Media & Society*. No. 10, Spring.

Cevik, S. (2011). "Myths and Realities on Islam and Democracy in the Middle East". *Estudios Politicos*. Vol. 38.

Davutoğlu, A. (2008). "Turkey's New Foreign Policy Vision: An Assessment of 2007". *Insight Turkey*. Vol. 10, No. 1.

Deniz, F. y Orakci, S. (2006). "Afrika Kitasi Musluman Ulke ve Topluluklari Dini Liderler Toplantisi". *BSV Bulten*, 62.

Fidan, H. y Nurdun, R. (2008). "Turkey's role in the global development assistance community: the case of TIKA". *Journal of Southern Europe and the Balkans*. Vol. http://www.informaworld.com/smpp/title%7Edb=all%7Econtent=t713435906%7Etab=issueslist%7Ebranches=10 - v1010, No. 1.

Hurriyet Daily (2013). "Africa seeks Turkish Islamic Education". *Insight Turkey*. Vol. 15, No. 4.

Kalın, İ. (2011). "Soft Power and Public Diplomacy in Turkey". *Perceptions*. Vol. 16, No. 3.

Kaya, A. y Tecmen, A. (2011). *The Role of Common Cultural Heritage in External Promotion of Modern Turkey: Yunus Emre Cultural Centers*. European Institute, Istanbul Bilgi University, Working Paper No. 4, EU/4/2011.

Korkut, H. (2013). "Harp Yılları ve Osmanlı Hilal-i Ahmer Mecmuası". *Balkan Savaşlarının 100. Yılında Büyük Göç ve Muhacerat Edebiyatı Sempozyumu Bildiriler Kitabı*. Ed. Öner Buçukçu. Ankara: Türkiye Yazarlar Birliği.

Nye, J. S. (2004). *Soft Power: The Means to Succeed in World Politics*. New York: Public Affairs.

OECD (2011). *Development Co-operation Report 2011: 50th Anniversary Edition*.

________ (2009). *OECD/DAC Development Cooperation Report*.

Oruc, H. (2007)."Human rights and freedoms, the Humanitarian Aid Foundation (IHH) and its activities". En Oguzhan Kose (ed.), *Common Strategic Vision Development Project Diplomatic Representatives of Turkey and African Countries, 3rd Workshop Final Report: Development Aids in African Countries and Turkish Civil Society Organizations*, Strategic Report 22, Istanbul: Tasam.

Ozkan, M. (2011a). "Turkey's 'New' Engagements in Africa and Asia: Scope, Content and Implications". *Perceptions: Journal of International Affairs*. Vol. XVI, No. 3.

________ (2011b). "Turquía y las Revoluciones Árabes". *Awraq*. Vol. 2, No. 4.

________ (2013). "Turkey's Religious and Socio-Political Depth in Africa". En Chris Alden (ed.), *Emerging Powers in Africa*, LSE Ideas Special Report, No. 16.

________ (2014). "Turkey's Religious Diplomacy toward Latin America". *Daily Sabah*. Disponible en: http://www.dailysabah.com/opinion/2014/11/14/turkeys-religious-diplomacy-toward-latin-america

________ y Akgun, B. (2010). "Turkey's Opening to Africa". *The Journal of Modern African Studies*. Vol. 48, No. 4, 2010.

Sahin, M. (2007). "Development aid in African countries and TIKA". En Oguzhan Kose (ed.), *Common Strategic Vision Development Project Diplomatic Representati-*

ves of Turkey and African Countries, 3rd Workshop Final Report: Development Aids in African Countries and Turkish Civil Society Organizations. Strategic Report 22, Istanbul: Tasam.

Saurina Lucini, M. (2011). "El Impacto de las Series de Televisión Turcas en los Países Árabes". *Awraq*. No. 4.

Ünay, S. (2011). "Global Transformations and the MENA: A Comparative Political Economy Analysis". *Insight Turkey*. Vol. 13, No. 1.

Yunus Emre Bulletin (2010). No. 7.

Poder blando en China y Japón: entre una estrategia multidimensional y una aproximación cultural-empresarial

Ricardo Alberto Baquero Hernández*

Aunque Joseph Nye Jr. acuñó el término "poder blando" hace un buen tiempo, realizar definiciones más extensas y ordenadas ha resultado un ejercicio académico más complejo de lo esperado. Empero, al revisar los escritos de diferentes autores se pueden identificar tres rasgos esenciales del poder blando: es el resultado de ser respetado, confiable o admirado; está en la mente y en el ojo del espectador, ya que está basado en un atributo intangible como lo son las ideas positivas de un país respecto a otro; y depende bastante del contexto, si las condiciones son las adecuadas y si factores culturales, políticos e históricos actúan a su favor (Moss, 2013).

Muchos países del mundo están acudiendo al poder blando, manifestado a través de estrategias de diplomacia pública y cultural. La República Popular China (RPC) y Japón no son la excepción. Por diferentes razones, ambos países se sienten un poco incomprendidos y están buscando ser más y mejor entendidos tanto en el contexto regional asiático como a nivel global. Igualmente, los dos están buscando un mayor estatus e influencia en el sistema internacional, una mayor respetabilidad y quizás reafirmar un sentimiento de grandeza, perdido en décadas o siglos pasados. Al mismo tiempo, desean que sus políticas sean vistas con aceptación, buscan generar menos críticas y desconfianza, esperan atraer el apoyo de otros países hacia iniciativas importantes para cada uno de ellos, tratan de disminuir la mala prensa

* Internacionalista de la Universidad del Rosario. Magíster en Política y Diplomacia de China de la Universidad de Fudan, Shanghai, China. Aspirante a doctor en Política Internacional de la Universidad de Fudan, Shanghai, China. Profesor de las Facultades de Ciencia Política y Gobierno, y de Relaciones Internacionales de la Universidad del Rosario.

que puedan generar y aceleran la apertura de otros mercados para productos que reflejen tanto su cultura tradicional como elementos más "universales".

Este capítulo hace un recorrido por los esfuerzos de estos importantes países, enfocados en la aplicación del poder blando. Se iniciará con unos breves antecedentes sobre las manifestaciones de dicho poder en décadas pasadas, para luego identificar las estrategias generales, herramientas específicas y agentes por medio de los cuales el poder blando se manifiesta hoy, mencionando sus fortalezas y alcances. Luego se hará un análisis breve de los problemas, retos y limitaciones que tienen dichas estrategias, herramientas y agentes en cada uno de los dos países, y finalmente se darán unas conclusiones y reflexiones en las que se intentará encontrar puntos de convergencia y divergencia entre las manifestaciones del poder blando en China y Japón.

China y su aplicación del poder blando

Si bien la aplicación de una estrategia de poder blando estructurada es relativamente reciente, se puede identificar un momento en la historia de la RPC en el que este tipo de poder tuvo una notoria presencia: la famosa "diplomacia del ping-pong" de la década de 1970, por medio de la cual se desarrolló el acercamiento con Estados Unidos y se sentaron las bases para la reintegración de China en el sistema internacional. Aunque la "diplomacia del ping-pong" viene de un largo proceso de conversaciones y un delicado estudio de intereses geopolíticos, se puede afirmar que el poder blando fue uno de los componentes que complementaron su desarrollo y posterior éxito, al utilizar los intercambios deportivos para suavizar asperezas y construir puentes de confianza.

Entre las décadas de 1980 y 1990 la apertura y las reformas de Deng Xiaoping cambiaron a China, pero el énfasis era más que todo económico e industrial, con pocas manifestaciones de diplomacia pública y cultural, y, por ende, de poder blando. Una posible explicación podría estar en que dichas estrategias requieren de un nivel significativo de inversión. Para esas décadas, el Producto Interno Bruto (PIB) chino no era lo suficientemente alto y la prioridad estaba en el mejoramiento de la calidad de vida de sus ciudadanos y la re-inversión en los sectores económicos e industriales vitales.

El surgimiento del monstruo industrial chino de la década del 2000 ha generado temor y desconfianza. Varios sectores económicos, políticos y sociales empiezan a ver a China como un depredador que con su capacidad de producción en masa y a bajo precio puede inundar mercados enteros, generar desempleo, llevar a la crisis e incluso a la quiebra. Por tal razón, el poder blando ha sido una de las estrategias de China para proyectar una imagen no amenazante, que vaya acorde con su intención de "ascenso pacífico" (Chin, 2013, p. 2) en el mundo de hoy.

Los institutos Confucio: la punta de lanza

El poder blando chino tiene como principal manifestación estratégica al Instituto Confucio (IC). Siguiendo un modelo similar al de las Alliance Francaise y los Institutos Goethe, los IC se han consolidado como los centros de enseñanza del idioma chino mandarín y de la cultura tradicional china. La inversión en dichos centros se observa claramente en los esfuerzos de China por publicitarlos en canales de televisión de cobertura internacional, como CNN. Con los IC, el país busca atacar uno de los principales problemas que aquejan su mejor inserción en el sistema internacional: el poco conocimiento que se tiene sobre su cultura y su gente (en especial de quienes viven en los continentes americano y europeo).

Los IC se constituyen entonces como una plataforma para mostrar al mundo los logros de tipo cultural y social de China, lo cual los vuelve una herramienta de poder blando sumamente importante. Iniciativa fundada en 2004, actualmente tiene más de 435 centros completos y 644 "salones de clase Confucio" en 117 países y regiones (Confucious Institute Online, 2013). 70 de las 200 mejores universidades del mundo ya han abierto sus propias sedes, 400 universidades en 76 países han propuesto su candidatura y ya cuenta con más de 600 000 estudiantes registrados (*China Daily*, 2012). Y el ritmo se mantiene: en diciembre de 2013 se oficializaron cinco sedes más y se confirmó la presencia del IC en otros tres países, así como el reclutamiento de más de 14 000 profesores y voluntarios (China Central Television, 2013).

En la página web oficial del IC se puede ver el esfuerzo por llegar al mayor público posible y la importancia de este proyecto, ya que está diseñada para ser vista en otros seis idiomas diferentes al chino mandarín (inglés, español, francés, ruso, japonés y coreano). En ella se pueden encontrar enlaces de enseñanza en línea, televisión china en línea, tutorías en línea, exámenes y pruebas virtuales, así como enlaces relacionados con el descubrimiento de la cultura e incluso cursos de acercamiento cultural en línea.

Por otro lado, los IC tienen una estrategia que es tanto global como focalizada por región, país o temática. Aunque el propósito general es ayudar a que más gente descubra a China, hay varios institutos que tienen diferentes especialidades en áreas específicas, como medicina china o caligrafía. Esto demuestra que para cada público objetivo, China tiene una manera particular de aproximarse.

Como un complemento a los IC y en línea con la cooperación educativa, China ofrece cada vez más becas a extranjeros para adelantar estudios de pregrado, posgrado y de idioma chino mandarín en el país, e igualmente ofrece becas a ciudadanos chinos para estudiar fuera. Según cifras proporcionadas por el Consejo de Becas Chino (CSC), en 2011 había 292 000 estudiantes extranjeros en China y 339 700 estudiantes chinos estudiando en el exterior (Project Atlas, 2013), siendo África el continente que más y mejores becas recibe. Los programas educativos de China son muy dinámicos y de rápida expansión: no solo "la enseñanza del idioma chino en África crece a gran escala, sino que además miles de becas envían africanos a estudiar en universidades chinas [y se realizan] seminarios profesionales que llevan a cientos de empresarios africanos a China" (Moss, 2013, p. 2).

Fomentar el intercambio estudiantil encaja en la estrategia de poder blando de China, pues permite que la actitud de los estudiantes hacia la sociedad que los recibe (la china) cambie de manera positiva, gracias a la construcción de una imagen más fiel y multifacética. Posteriormente, el estudiante internacional lleva una imagen más sofisticada del país anfitrión a su país de origen y durante el resto de su vida académica y profesional transmite una nueva imagen del país que lo recibió temporalmente. De esta forma se le otorga una importancia a los estudiantes como enlace entre culturas, dentro de lo que se denomina la "teoría del estudiante como portador cultural" (Eide, 1970).

El poder de los medios de la información

El canal de televisión institucional China Central Television (CCTV) se puede considerar otra herramienta de poder blando de China en el siglo XXI. Dicho canal tiene versiones multilingües las 24 horas del día en inglés, español, francés, ruso, coreano y árabe, y cuenta con corresponsales en la mayoría de países del mundo. Esto le permite a China exportar sus formatos periodísticos, sus documentales informativos y presentar al país desde una perspectiva propia, sin depender de la ayuda de otros medios o canales para la construcción de su imagen a nivel internacional. Dichos canales se pueden ver tanto en dispositivos fijos como móviles, manifestando la importancia que le da China al acceso a la información en la llamada "era digital".

Junto con CCTV se puede identificar como otra herramienta mediática y de poder blando al *China Daily*, el periódico líder en idioma inglés tanto al interior del país como por fuera de él. El *China Daily* cuenta con varias ediciones internacionales que le permiten llegar a diferente público. Se puede encontrar la edición diaria hongkonesa, impresa desde la devolución de Hong Kong a China por parte del Reino Unido en 1997; la edición semanal para Asia, distribuida en Malasia, Indonesia, Tailandia y Japón desde 2010, y en Australia, India, Myanmar, Nepal, Pakistán, Filipinas, Corea del Sur, Singapur, Vietnam y Emiratos Árabes Unidos desde 2013; la edición para Estados Unidos, que se distribuye de lunes a viernes desde 2009; la edición semanal para Europa, que llega a más de 30 países desde 2010, y la edición africana, publicada en Kenya desde 2012 (*China Daily*, 2013).

A estas ediciones de regularidad diaria y semanal se debe sumar el suplemento llamado *China Watch*, el cual es distribuido mensualmente al interior de prestigiosos periódicos de Estados Unidos como *The Washington Post*, *The New York Times* y *The Wall Street Journal*; y de diarios británicos como el *International Herald Tribune* y *The Daily Telegraph* (*China Watch*, 2013). Junto a estas iniciativas impresas se encuentran todos los medios digitales manejados por el *China Daily*, que van desde la página web oficial y las aplicaciones para dispositivos móviles hasta mensajes de texto especializados para teléfonos celulares, selección de clips de videos para suscriptores especiales, y páginas web relacionadas con periodismo fotográfico y caricaturas.

China Daily igualmente va más allá de los servicios informativos y se está consolidando como una plataforma para organizar y patrocinar eventos enfocados en establecer una efectiva comunicación global. Entre los más destacados es pertinente mencionar el Foro Beijing-Tokio, la Mesa Redonda de Liderazgo Asiático, la Competencia Nacional de Comunicación Verbal en Inglés del Siglo XXI, I Competencia de Fotografía Cambiando Asia-Asia Press, y la Competencia Universitaria de Caricaturas sobre Protección Medioambiental.

La inversión en medios de comunicación, la promoción de producciones para televisión, de encuentros y actividades sobre los nuevos temas de la agenda internacional y el creciente número de periodistas chinos demuestran otra faceta del poder blando chino. El país parece entonces tener una estrategia de comunicación de doble cara. Una es global, que busca mostrar que el éxito de China es bueno para todos, especialmente en momentos de crisis; y la otra es sectorizada, pues con ciertos países y regiones habla de temas diferentes y específicos.

Para finalizar esta parte, es pertinente mencionar los esfuerzos que realizan las embajadas y misiones especiales de la RPC a través de reuniones explicativas para distribuir información sobre ciertos hechos específicos, tal y como ocurrió con los disturbios en la Región Autónoma de Tíbet en 2008. En dichas reuniones, el Gobierno chino divulga y hace circular información impresa y digital, los organizadores hablan con todos los invitados y muestran su versión de los hechos de manera ordenada.

El magnetismo de las figuras y los eventos públicos

China fomenta las relaciones no gubernamentales a través de sus figuras públicas, artistas de talla internacional y deportistas reconocidos, entre los cuales se destacan Zhang Yimou, director de cine; Lang Lang, pianista; Guan Moye, mejor conocido como Mo Yan, escritor y ganador del Premio Nobel de Literatura, y Jackie Chan, actor. Todos ellos forman parte del Partido Comunista Chino (PCC), son considerados patriotas y promueven el patriotismo dentro y fuera del país. Este patriotismo es un gran valor de la cultura china y es, al mismo tiempo, una gran herramienta política que el PCC ha sabido fomentar y manejar para generar cohesión y garantizar la unidad en un país tan grande. Las figuras públicas son entonces un ejemplo a seguir para los chinos y un puente de contacto de China con otras sociedades, mostrando una cara amable y compatible con otras civilizaciones.

Las manifestaciones de amor patrio en China son bastante frecuentes y probablemente este orgullo forma parte de la fortaleza de la sociedad, la cual es consciente de su historia y de su importancia para la humanidad. China es probablemente el único Estado-civilización del sistema internacional contemporáneo y aunque los chinos no conforman la sociedad más antigua del mundo, sí constituyen la sociedad más longeva de la historia, la que más ha perdurado y la que ha conservado su esencia, adaptándose a los tiempos sin dejar de lado muchos de sus valores y principios confucianos, taoístas y budistas. Es así como las figuras públicas son una ventana tanto a la china tradicional, como a la china contemporánea amoldada a ciertas tendencias del siglo XXI.

Junto a estos personajes que tanto interés mediático generan, hay que mencionar el afán de China por realizar eventos de talla mundial, como los Juegos Olímpicos de 2008 y la Exposición Mundial de 2010, que han servido no solo para internacionalizar la imagen china como la de un país moderno y dispuesto al contacto con todos, sino también para mostrar su capacidad logística, sus avances en infraestructura y su éxito económico, al asumir la organización de encuentros deportivos y culturales de tal magnitud. Ser la sede de eventos de todo tipo juega igualmente un rol importante en la consolidación del proyecto de "ascenso pacífico" de China.

La inversión china como herramienta de poder blando

El nuevo compromiso de China en las denominadas "responsabilidades globales" (Zoellick, 2005) la ha llevado a participar en discusiones sobre nuevos temas de la agenda internacional, tales como la lucha contra las epidemias, la lucha contra el tráfico de personas y de drogas ilícitas y, en años recientes, la ayuda al desarrollo. La participación de China en los diferentes organismos multilaterales globales y regionales demuestra que su idea de poder blando no se limita solo a la cultura y la diplomacia pública, sino también a la inversión y medidas económicas (Gómez, 2011).

África y ahora América Latina reciben no solo becas sino también programas de ayuda, los cuales "no están limitados por preocupaciones institucionales o sobre derechos humanos que constriñen la ayuda de Occidente. El estilo chino hace énfasis en gestos de alto perfil, como la construcción de estadios" (Nye Jr., 2012) y la construcción de la sede principal de la Unión Africana en Addis Abeba, lo cual ha llevado a que la influencia y la percepción de China en ambos continentes sea más positiva que, por ejemplo, en Estados Unidos o Europa.

Muchos consideran que la presencia de China en África está limitada a la apropiación de los recursos que necesita; no obstante, la reciente cooperación al desarrollo sino-africana es más constructiva de lo que se piensa, y la mejor prueba de ello es que los africanos son cada vez más "receptivos a la aproximación desarrollista de China: observan con aprobación un país en desarrollo ayudando a otro [...] y sienten que China muestra más respeto hacia ellos que los occidentales paternalistas" (Moss, 2013).

La inversión de China en África en 2012, según el Ministro de Comercio chino, "excedía los USD 14,7 billones, un 60 por ciento más que en 2009 [...], un creciente número de africanos dicen que los chinos generan empleo, transfieren habilidades y gastan dinero en economías locales" (*The Economist*, 2013). Y la inversión no se limita a solo los países petroleros y con recursos minerales e hídricos como Nigeria, Angola, Etiopía y Sudan: prácticamente todo el continente ha recibido inversión china y el comercio de África con el gigante asiático se estima que equivalga a 200 billones de dólares para el 2013 (Reuters, 2013).

Problemas y críticas al poder blando chino

China es criticada a nivel internacional por varias razones, y en este texto se hará mención de aquellos elementos que tienen relación con el poder blando. El primero de ellos está relacionado con el manejo de la información y la falta de transparencia. No todas las noticias e información sobre China se conocen a nivel global, no toda la información internacional llega a la RPC y muchos académicos y expertos dudan de la veracidad de ciertos datos y estadísticas publicados por el PCC.

En segundo lugar se encuentran las tensiones fluctuantes con Taiwán. China tiene una estrategia de "ascenso pacífico" y quiere proyectarse como un país que no representa una amenaza, y en concordancia con estos principios ha tenido recientemente una actitud conciliadora con Taiwán, que la ha llevado a desarrollar lazos de cooperación económica con ella, a proponer proyectos de infraestructura que benefician a ambos territorios y a hacer un gran énfasis en la interdependencia (Stratfor, 2013).

No obstante, estos esfuerzos se ven desdibujados por la Ley Anti-Secesión china y su amenaza de uso legítimo de la fuerza, el posicionamiento de tropas en las costas del Estrecho de Taiwán, la posibilidad de llevar a cabo ejercicios militares en la zona (como se hizo en décadas pasadas), y por el incremento en el gasto militar, sobre todo en el área naval, el cual no solamente levanta las alarmas taiwanesas sino las de toda la región, creando un efecto dominó y empujando a la mayoría de países circundantes a incrementar sus respectivos gastos militares. Este fenómeno se ve bastante influenciado por las disputas territoriales regionales en las aguas del Mar de China Meridional y la decisión del Gobierno chino en resolverlos por medio de la coerción militar si es necesario (Chin, 2013, p. 2).

Una tercera crítica, quizás la más publicitada y con mayores promotores, es la relacionada con las violaciones a los derechos humanos, reportadas particularmente hacia las minorías étnicas que habitan el país, como la tibetana, la mongola y la uigur, a quienes les aplican restricciones en sus actividades económicas y religiosas y tienen una calidad de vida baja. Junto con ellas se encuentra un creciente número de reportes relacionados con las condiciones laborales de los trabajadores industriales, que han resultado en numerosos accidentes y tragedias (Bodeen, 2013). Los choques con las minorías y las acusaciones de persecución contradicen las ideas de voluntad de diálogo, tolerancia y armonía que China quiere proyectar a través de sus herramientas de poder blando, diplomacia pública y diplomacia cultural.

Aunado a esta crítica sobre derechos humanos y a la relacionada con la transparencia en el manejo y la transmisión de la información, está el tema de las limitaciones a las libertades civiles en China. La censura es omnipresente en el país y las libertades de expresión, de prensa, de asociación, de navegación en internet, de religión y de pensamiento político son fuertemente reguladas. El poder blando depende bastante de los flujos de información: quiénes la reciben, quiénes la envían y cómo la reciben. Por tal razón, este es quizás el talón de Aquiles y al mismo tiempo una de las contradicciones más marcadas del poder blando de China, pues como ya se ha visto el uso de los medios de comunicación forma parte de sus herramientas y su estrategia, pero tales flujos son muy vigilados y en cierta medida manipulados, limitando así el potencial de sus actores no estatales y de su sociedad civil.

El encarcelamiento de Liu Xiaobo, ganador del Premio Nobel de la Paz y de abogados defensores de los derechos humanos, el acoso que el controvertido artista Ai Weiwei dice haber sufrido por parte del Estado y el asilo pedido a Estados Unidos por Chen Guangcheng, otro abogado defensor de los derechos humanos, son señales del nivel de censura, pero sobre todo, muestran las limitaciones que tiene la creatividad en el país (Nye Jr., 2012), lo cual tiene efectos en el poder blando. Asimismo, "China no tiene industrias culturales como Hollywood y sus universidades están lejos de ser iguales a las de Estados Unidos. Le falta la cantidad de organizaciones no gubernamentales que genera mucho del poder blando que tiene (por ejemplo) Estados Unidos" (Nye Jr., 2005).

El tema de la creatividad lleva a otra limitación que el poder blando chino debe superar: el país necesita exhibir nuevos elementos de poder blando que vayan "desde la innovación y los adelantos tecnológicos hasta el desarrollo de infraestructura de transporte público y que aborden los retos urbanísticos y medioambientales" (Dynon 2013). Por el momento, no hay ninguna marca de origen chino cien por ciento respetada y confiable, y a China se le relaciona de manera instintiva con productos baratos pero de baja calidad (a pesar de los esfuerzos de Huawei Technologies, probablemente la única marca china con cierto nivel de respetabilidad), lo cual afecta la imagen del país y la atracción que pueda llegar a generar.

Finalmente, otra crítica que se le hace a China y que tiene relación con el poder blando es que el país parece ser bastante selectivo al momento de participar y opinar con respecto a ciertos temas, como el cambio climático y la proliferación nuclear, en los cuales es bastante moderado, por no decir callado. Para algunos, esto es otra señal contradictoria de China ya que no encaja con su aceptación de "responsabilidades globales". Pero para otros, esta es una señal más del pragmatismo típico de la cultura confuciana, que escoge lo que le conviene, descarta lo que no y "con una aproximación egoísta, se enfoca solo en los asuntos en los cuales todas las partes supuestamente pueden estar de acuerdo, mientras evita cualquier desacuerdo" (Shogo, 2009, p. 791).

A pesar de los problemas, China está cada vez más "de moda". Su cine, su comida, su medicina tradicional, sus atractivos turísticos y su lengua son herramientas que el país ha empezado a aprovechar mejor. Las estrategias y herramientas de poder blando de China están siendo usadas para mostrarla como un país que puede ser líder (mas no el único ni mucho menos una especie de "redentor"), sin antipatías hacia ningún otro Estado o sociedad, con base en principios que son tanto tradicionales de su cultura como universales, entre ellos el de la armonía, la reciprocidad y la voluntad de diálogo.

Japón y su aplicación del poder blando

Con el fin de la Segunda Guerra Mundial, la capacidad de Japón para ejercer las dimensiones duras del poder quedó bastante reducida, siendo el artículo 9 de la Constitución la mayor prueba de estas limitaciones. En términos sencillos, este artículo le prohíbe al país tener unas fuerzas de ataque ofensivas, promulgando un pacifismo que terminaría siendo uno de los atributos y características del poder blando japonés de la segunda mitad del siglo XX.

Por otro lado, la imagen de Japón quedó muy afectada después de la Segunda Guerra Mundial, particularmente en el oriente asiático. Países como Corea del Sur y China no olvidan las atrocidades cometidas por la nación del sol naciente (las cuales incluyen genocidio, torturas y esclavitud sexual) y por las cuales Japón no ha ofrecido disculpas específicas y ha manifestado, por el contario, ante los ojos de varios países del oriente y suroriente asiático, falta de sensibilidad al momento de reconocer los hechos de un pasado relativamente reciente.

Estos elementos llevan a dos reflexiones sobre el uso del poder blando en Japón. Por un lado, el poder blando ha sido prácticamente obligatorio para los japoneses, por cuanto el poderío militar es casi nulo tanto por sus limitaciones internas constitucionales, como por el simple hecho de no tener membresía permanente en el Consejo de Seguridad de la Organización de las Naciones Unidas. Y por el otro, el uso del poder blando ha sido necesario para poder reconstruir su imagen a nivel regional, para recuperar la confianza de sus países vecinos, para transformar un ambiente tenso y proclive a la hostilidad, e incluso para obtener ganancias económicas con la penetración de los mercados asiáticos circundantes.

Cooperación internacional japonesa como herramienta de poder blando

Teniendo en cuenta estos dos elementos, que combinan factores tanto domésticos como estructurales y externos, el país nipón ha desarrollado varias herramientas de poder blando que le han servido en cierta medida para sus propósitos de revitalización. Las primeras son de tipo institucional, dentro de las que se destacan la

Fundación Japón (FJ) y la Agencia de Cooperación Internacional de Japón (JICA), las cuales han canalizado los esfuerzos japoneses en materia de ayuda internacional al desarrollo en el diseño, implementación y evaluación de proyectos que tengan impacto en el bienestar de las sociedades y grupos receptores. Ambas instituciones muestran cómo "Tokio hace énfasis en el poder blando debido a su constitución pacifista y al pacifismo residual de los japoneses" (Peng Erg, 2007, p. 350).

Tanto la FJ como la JICA ofrecen becas completas y son reconocidas por su oferta de cursos cortos y largos de alta calidad, y hasta el día de hoy gozan de una gran imagen y respetabilidad a nivel global. Probablemente JICA es la institución de mayor visibilidad y la que mayor presupuesto maneja, pues forma parte de los ejecutores de la Asistencia Oficial para el Desarrollo (ODA) del Estado japonés, la cual es tanto una expresión de su poderío económico como uno de los pilares del poder blando y la diplomacia pública. La inversión realizada por la ODA en 2012, según el reporte de cooperación al desarrollo hecho por la Organización para la Cooperación y el Desarrollo Económico (OCDE), fue de 10,49 billones de dólares (OCDE, 2013), cifra que a simple vista parece muy positiva pero que, de hecho, es inferior a la de años anteriores, en parte por los problemas internos del país pero también por la crisis económica internacional.

La JICA provee ayuda bilateral a través de cooperación técnica, préstamos y subvenciones totales de proyectos que van desde aspectos teóricos y conceptuales como educación, gobernanza, *peace building*, desarrollo urbano y regional, política económica, género y desarrollo, hasta temas prácticos y productivos con proyectos y capacitaciones sobre salud, recursos hídricos, manejo de desastres, seguridad social, transporte, tecnologías de la información y comunicación (TIC), recursos naturales y energía, desarrollo del sector privado, agricultura y desarrollo rural, conservación de la naturaleza y pesca (Japan International Cooperation Agency, 2013, pp. 2-10).

Por su parte, la FJ lleva a cabo desde 1972 programas y actividades en tres categorías principales: artes e intercambio cultural (en la que se encuentran subcategorías como artes visuales, artes escénicas y publicaciones), educación en lengua japonesa (la que más programas tiene) y estudios japoneses e intercambio intelectual (la cual le da un gran énfasis a la juventud y a los líderes comunitarios) (Japan Foundation, 2014, pp. 7-10).

Ambas instituciones han demostrado el potencial que tienen la diplomacia pública, la cooperación académica y educativa y la diplomacia cultural. Esto ha llevado a que el país lleve a cabo otras iniciativas en materia de movilidad académica y social, con los objetivos de mejorar el conocimiento de Japón a nivel internacional y de construir un mejor entendimiento internacional, tanto para extranjeros como para nacionales japoneses. Prueba de ello son el Programa de Intercambio y Enseñanza de Japón (JET), con 27 años de funcionamiento y 4372 participantes en 2013 (JET Programme 2013), y el Programa de Voluntariado y Cooperación Internacional (JOCV), coordinado al interior de la JICA, con más de 40 años en actividad, presencia en 87 países y 34 596 voluntarios a 2009 (JICA 2013a).

El poder blando de las marcas

En segunda instancia se debe hacer mención de las grandes marcas japonesas, como Sony, Panasonic, JVC, Canon, Nikkon, Nintendo, Toyota, Nissan y Mazda, las cuales demuestran cómo actores no estatales tienen cierta influencia en el ejercicio del poder blando y, de manera indirecta, ayudaron entre las décadas de 1960 y 1990 a consolidar la imagen positiva de Japón como país líder en tecnología confiable y generador de productos y servicios de alta calidad.

No obstante, la mayoría de académicos concuerdan en que si bien todos estos productos eran hechos en Japón, durante estos años dichas empresas se esforzaron por eliminar o disminuir en lo posible rasgos de la cultura tradicional japonesa en ellos, los cuales pudieran generar rechazo sobre todo en los países asiáticos hacia los cuales iban dirigidos, por cuanto el pasado militarista y expansionista de Japón aún estaba muy fresco. Varios estudios denominan este fenómeno como "desodorización" de los productos japoneses, que llevó a un alto consumo de los mismos pero no precisamente a un apoyo a Japón (Garvizu, 2013, p. 8).

Lo anterior sirve para demostrar la ambivalencia y complejidad del poder blando, ya que si bien la imagen del país se estaba reconstruyendo a través de la economía, la ciencia y la tecnología, los elementos de la cultura tradicional japonesa eran dejados de lado en muchos de los productos en favor de los beneficios económicos y las utilidades, y en favor de una construcción de imagen de Japón culturalmente neutra.

Este auge de las marcas japonesas se ha venido debilitando en los últimos años con el surgimiento de Corea del Sur como nuevo competidor en la producción de vehículos y artículos electrónicos. El mundo está siendo conquistado gradualmente por marcas como Samsung, LG, Kia Motors, Hyunday y Daewoo, las cuales han llevado no solo a un reposicionamiento económico de este país asiático, sino también a una mayor y mejor difusión de la imagen de Corea del Sur como un país próspero, exitoso, creativo y con el cual se pueden construir nexos políticos y económicos mutuamente benéficos. Sin mencionar de manera más detallada que esto se ha traducido en una disminución de la presencia japonesa en mercados internacionales y, por ende, en la disminución de sus ganancias e ingresos ante la cada vez más fuerte competencia.

Para contrarrestar los efectos del apogeo económico surcoreano y del liderazgo tanto político como económico y diplomático de China, Japón ha acudido al poder blando, mezclándolo con elementos de administración de empresas, mercadeo, legislación y protección de la propiedad intelectual, relaciones públicas y diplomacia pública, a través de una estrategia de marca país en donde aspira a que la industria cultural, representada en el cine, la televisión, las publicaciones, la música, la gastronomía y la moda se vuelvan no solamente productos rentables a nivel económico, sino también, en el mediano y largo plazo, rentables a nivel político.

El papel doble de los productos de contenido cultural

El estallido de la burbuja bursátil e inmobiliaria de Japón en la década de 1990, generada en parte por la especulación y el exceso de confianza a nivel macroeconómico, llevó a la denominada "década perdida", una época de muchas dificultades y de la cual no se ha podido recuperar plenamente. Japón no es el mismo país de antes: ya no tiene la segunda economía más grande del mundo, no es el epicentro de los avances tecnológicos a nivel mundial, y ya no puede aportar tanto en cooperación para al desarrollo. Es así como en los primeros años del siglo XXI, el poder blando vuelve a aparecer y es utilizado para re-inventar al país, mejorar su imagen a nivel internacional y, de paso, tratar de capitalizar el potencial económico de los productos de contenido cultural, manejados bajo la estrategia de marca país.

Dicha estrategia empezó de manera seria en 2002, cuando el famoso ex Primer Ministro Yunichiro Koizumi dio a conocer el Programa Estratégico de Propiedad Intelectual y la creación de un grupo de trabajo especializado en la creación de contenidos. Para ello, el Estado japonés está construyendo y utilizando el concepto de *cultura popular japonesa*, dentro de la cual se destacan particularmente tres tipos de producto: la animación (*anime*), las novelas gráficas (*manga*) y los programas de televisión con argumentos dramáticos y de comedia (*doramas*).

Japón no es nuevo en el desarrollo de este tipo de productos y de industria. De hecho, ha servido como modelo para las industrias de otros países asiáticos gracias a su experiencia en la producción y mercadeo: el fenómeno de las ídolos musicales y los programas de concurso y talento son algunos de los formatos japoneses que países como Corea del Sur y China han replicado (Garvizu, 2013, pp. 10-11).

Todos estos productos de contenido cultural son los nuevos instrumentos que el país está tratando de usar para tener una mayor exposición y alcance global: "al difundir imágenes e ideas positivas sobre su país de origen, estas compañías (las que forman parte de la industria cultural japonesa), actúan como agentes del poder blando japonés" (Garvizu, 2013, p. 7). Incluso la cocina tradicional japonesa se está consolidando como otro recurso de poder blando, con el hecho de ser catalogada desde el 2013 como Patrimonio Inmaterial Cultural por la Organización Educativa, Científica y Cultural de las Naciones Unidas (Unesco) (*The Japan Times*, 2013).

Esta variedad de productos está siendo administrada a través de la marca Cool Japan, la cual ha llevado a la creación de instituciones y organismos destinados al manejo y la explotación de estas herramientas de poder blando, como la Oficina de Promoción de las Industrias Creativas, encargada de coordinar las acciones del Gobierno y del sector privado en la promoción de productos culturales. De esta manera, Japón ha empezado a adoptar su *cultura popular* como herramienta diplomática.

El momento en el que Cool Japan surge no es fortuito: "el nuevo énfasis de Japón en sus productos culturales como vehículos de su poder blando es también hecho contra un telón de fondo con una China en crecimiento y el establecimiento de los Institutos Confucio a nivel global" (Pang Er, 2007, p. 352), demostrando así la rivalidad entre ambos países, uno por consolidarse como líder regional, y el otro por recuperar la visibilidad y el liderazgo que antes tenía.

Esta nueva etapa del poder blando japonés tiene una característica que vale la pena resaltar: está ligada a la lógica de participación y coordinación entre el Gobierno y el sector privado. El poder blando es ejercido muchas veces por actores no estatales, de manera indirecta e incluso de manera inintencionada. A través de la iniciativa *Cool Japan* se evidencia el deseo del Estado japonés en controlar y administrar mejor estas herramientas. Es el Gobierno quien creó el fondo para *Cool Japan*, es el que está dando gran parte del dinero para su funcionamiento, el que recauda más fondos provenientes del sector privado y el que reúne a los administradores para su manejo (*South Morning China Post*, 2013). Esto demuestra que para el país las industrias culturales y creativas son un sector estratégico con alcances económicos y políticos.

La idea de Japón es volverse una *potencia* en el uso de contenidos, en la creación de contenidos y en la institucionalización de empresas que posean y comercien con esos contenidos. Por tal motivo, el país está trabajando no solo en la parte creativa sino también en la creación de un marco legal apropiado para la creación, promoción, protección y explotación de los productos de contenido cultural. Se aspira a que el fondo de *Cool Japan* alcance el billón de dólares, en su mayoría de origen público, con una inversión inicial estatal de 366 millones de dólares, y 73 millones de dólares provenientes de 15 compañías privadas (*South China Morning Post*, 2013).

Para mejorar el conocimiento de la cultura japonesa, destruir los estereotipos e imaginarios que se tienen de los japoneses y avanzar en la construcción de una nueva imagen japonesa, apoyada en elementos de la cultura tradicional y de la cultura popular, *Cool Japan* ha creado iniciativas culturales como el Gran Premio Manga de Japón, para condecorar a artistas internacionales que utilizan el estilo de las novelas gráficas japonesas y ayudan a difundir la estética y los valores proyectados en dichas producciones a nivel global.

Como ya se ha dicho, los productos de contenido cultural tienen dos tipos de alcance. El primero es el más obvio: Japón quiere sacarles ganancias económicas a los elementos atractivos de su cultura pop. En tiempos en donde la economía y las finanzas del país no son las mejores, explorar nuevos mercados y crear nuevas líneas de producto se vuelve algo necesario, y para el Gobierno la respuesta está en explotar la singularidad de la cultura contemporánea japonesa, posicionando marcas de productos culturales del país en el exterior.

Las proyecciones son bastante ambiciosas: "La meta, para 2020, es incrementar las ganancias de USD 85 billones a USD 613 billones, según *Cool Japan*" (Mackay, 2013). Esto ha llevado a que surjan críticos y escépticos de la iniciativa de marca país japonesa, pues además de que las cifras son excesivamente altas, hay elementos culturales que hacen que un japonés no sepa vender ni venderse bien por fuera de su mercado doméstico, como sus pocas habilidades en idiomas extranjeros, su predilección por trabajar en pequeñas y medianas compañías y la falta de contacto físico con sus interlocutores.

El segundo alcance es quizás el más difícil de cuantificar y solo se puede empezar a inferir a largo plazo: los cambios políticos y diplomáticos que el poder blando pueda generar a nivel internacional y sobre todo a nivel regional. Y aquí probablemente radica la principal crítica del poder blando y la diplomacia cultural japonesa (de hecho, la principal crítica a los alcances del poder blando de cualquier país), ya que el hecho de consumir productos culturales japoneses no necesariamente lleva a cambios al interior de China o de Corea del Sur frente a Japón.

Frenos al poder blando y al efecto de los productos culturales de Japón

El reposicionamiento de Japón en la región necesita de una actitud más humilde y, sobre todo, del reconocimiento y del sincero arrepentimiento de los actos cometidos durante y después de la Segunda Guerra Mundial (como las visitas de los Primeros Ministros japoneses al Templo Yasukuni y rendirle homenaje a los que ellos consideran héroes de guerra, pero que son vistos por chinos y coreanos como genocidas y criminales). Como lo dice Pang Er: "La búsqueda de Japón por el 'poder blando' y por una buena imagen internacional se ve socavada por su fracaso en superar el peso de la historia" (Peng Er, 2007, p. 350).

Esto lleva a un segundo obstáculo, y es que por el momento Japón no representa valores o ideales universales, sobre todo cuando sus vecinos lo perciben como un país que vive en una especie de negación y de orgullo respecto a todos los efectos de la Segunda Guerra Mundial. Si bien "el énfasis en el pacifismo ha tenido gran apoyo internacional y ha contribuido positivamente al reconocimiento de Japón como un país tranquilo (y) los valores pacifistas constituyen una gran fuente de poder blando japonés" (Layer, 2010, p. 1), a nivel regional no se ha olvidado el rasgo militarista y violento de los japoneses. Los asiáticos compran productos culturales japoneses y admiran algunos valores de dicha sociedad, pero simultáneamente son críticos de lo sucedido en el pasado y de la actitud de Japón frente a estos hechos.

Además, varias contradicciones se presentan al interior de Japón que minan sus intenciones de atraer y persuadir. Una de las más criticadas es que si bien el país ha sido un abanderado de la protección al medio ambiente, enfocado en la disminución de emisión de gases que contribuyen al efecto invernadero, está llevando al borde de la extinción a varios tipos de ballena y tiburón por su caza indiscriminada. Australia incluso acusó a Japón en 2010 ante la Corte Internacional de Justicia por pesca de ballenas con fines comerciales en aguas de la Antártica (*El Clarín*, 2013)

Un tercer obstáculo que tiene Japón y que China ya ha empezado a sortear es el de la ausencia de un canal de comunicación y de información, con cobertura global y multilingüe, que proyecte noticias e información de Japón y del mundo desde una perspectiva japonesa. Otro inconveniente que presenta Japón a nivel de cultura popular es que ninguno de sus deportes o aficiones nativas tienen la popularidad del futbol, que reúne miles de millones de personas alrededor del mundo, y ayuda a construir imaginarios positivos de países como Italia, Inglaterra, España o Argentina.

Para finalizar, hay que resaltar que si bien hay un público que consume productos culturales japoneses, que hay una creciente fascinación por la *cultura popular japonesa* y que Japón está desarrollando una diplomacia pública para mejorar su imagen internacional y para moldear sus propias políticas gubernamentales, nada de esto hace que el país merezca el apelativo de "superpotencia de poder blando" (Kingston, 2009).

La eventual globalización de la cultura japonesa no ha llegado tan lejos, en parte porque ya hay una cultura que tiene una cobertura muy amplia, la estadounidense, y también porque varios instrumentos de poder blando obedecen a las preferencias de un consumidor o de actores no estatales tanto dentro como fuera del país, los cuales no pueden ser controlados por un Gobierno. Con *Cool Japan*, el Gobierno japonés quiere aprovechar el éxito de los productos culturales con el fin de proyectar a intensificar el poder blando (Garvizu, 2013, p, 12), pero no tiene el control sobre qué países van a recibirlos ni sobre cuántas personas los van a comprar.

Parece ser que para cuando termine esta década, la apuesta de Japón al poder blando se va a concentrar más en la iniciativa de marca país *Cool Japan* que en JICA, quizás porque la primera le genera un retorno de la inversión y la segunda no. Dicha apuesta podría llegar a ser peligrosa, por cuanto JICA tiene un mayor impacto a nivel político y, por consiguiente, evidencia un mayor poder blando japonés. Sin embargo, Japón espera que "con la exportación de esos productos culturales, la industria cultural japonesa difunda imágenes positivas de Japón y mejore su reputación al igual que su atractivo" (Garvizu, 2013, p. 14). El tiempo dirá si dichas empresas, en su calidad de actores no estatales, pueden ejercer el poder blando, y si los esfuerzos del Gobierno por enrutarlas funcionan.

Conclusiones

El uso del poder blando y de la diplomacia cultural ha servido para que tanto China como Japón intenten alcanzar sus objetivos geopolíticos (o por lo menos complementen tales intentos). El papel de la cultura es cada vez más notorio en las relaciones internacionales, aunque no se puede decir que reemplace totalmente a la fuerza militar o al poderío económico. No obstante, la dimensión cultural de la política y los elementos que generan atracción demuestran las ambiciones de ambos países en el mundo contemporáneo: ser reconocidos como figuras amistosas y poderosas en un mundo multipolar e interdependiente, y que merecen un lugar especial y digno en él.

Así mismo, el uso de productos culturales sirve para exponer que ambos países están muy orgullosos de lo que son, demostrando cierto ímpetu nacionalista que es bastante característico de las sociedades confucianas: los dos tratan de exportar su cultura y legados como valiosos (y necesarios) para toda la humanidad. El uso de la cultura como herramienta política no solamente tiene un efecto internacional, también lo tiene a nivel doméstico, pues todos los chinos y los japoneses se reúnen alrededor de lo que es y significa ser chino y ser japonés, y se sienten igualmente orgullosos de ver cómo el mundo aprecia elementos de sus culturas.

Por otro lado, se puede observar que hay una especie de competencia entre ambos países: los institutos Confucio versus las sedes de la Fundación Japón, la inversión china versus la inversión japonesa, los productos culturales chinos versus los productos culturales japoneses, el turismo a un país o al otro. Incluso, detrás de la ayuda al desarrollo puede estar escondida una "diplomacia de la chequera" de ambos países, con el objetivo de ganar (o comprar) la buena voluntad de los países en desarrollo y su eventual apoyo a las iniciativas que tenga cado uno de ellos.

Tanto China como Japón están tratando de proyectar las mejores facetas de su cultura y de su idiosincrasia para que a corto plazo surjan beneficios económicos y, a largo plazo, se consolide el liderazgo en los nuevos temas de la agenda internacional, en los cuales particularmente Japón ya ha tenido bastante éxito: ayuda humanitaria y en desastres, salud y protección medioambiental (Smith, 2013, p. 116).

Sin embargo, un país no puede vivir solo de poder blando. Esta es tan solo una de las dimensiones del poder. Y ambos lo saben. El poder blando tiene el potencial para influir en otros, pero muchas veces necesita ser complementado con otros tipos de poder. Por eso Japón está explorando la posibilidad de reformar su Constitución y China está invirtiendo bastante en materia de seguridad marítima. Igualmente, los dos países, pero particularmente China, necesitan que su política "de rienda suelta a los talentos de su sociedad civil" (Nye, 2012, p. 1), para que la creatividad de sus poblaciones salga a flote y genere atracción.

De igual manera, el potencial del poder blando solo se puede ver con el paso de décadas y quizás siglos, tiempo que les ha tomado a países como Estados Unidos o Francia desarrollar sus "activos culturales" e influir en otros Estados o sociedades sin usar elementos duros de poder. Esto, sin mencionar que los resultados del poder blando no son fáciles de medir y que la relación de causa-efecto entre poder blando y política exterior es difícil de identificar. La creación de organismos y herramientas para recolectar información, medir la percepción de las estrategias de poder blando y analizar dichos datos es entonces un reto interesante de asumir.

Por otro lado, los resultados obtenidos por el poder blando no son uniformes y cada país ejerce mayor o menor poder blando en diferentes zonas geográficas y temas, mostrando que "el enorme empuje a nivel oficial para proyectar el poder blando ha tenido recompensas limitadas. El énfasis en divulgación cultural y mediática a socios regionales no se ha visto directamente traducido en una visión más benigna y perdurable" (Chin, 2013, p. 18).

Parece que China tiene mayor éxito y una mejor imagen en África, América Latina, Europa Oriental y algunos países de Asia, mientras que Japón la tiene en Estados Unidos y la Unión Europea. Esto en parte porque algunas fuentes de poder blando, como la cultura, los valores políticos y la diplomacia chinos no concuerdan con los de otros países: China es un país políticamente centralizado y comunista, lo cual choca con Estados Unidos, y su defensa de los derechos humanos es bastante cuestionada, lo que genera fricciones con Francia.

Varias preguntas surgen luego de este rápido vistazo a las herramientas y manifestaciones del poder blando y la diplomacia cultural en China y Japón, las cuales pueden ser ampliadas en futuros textos e investigaciones. La primera es sobre la definición de la identidad nacional y la cultura que un Gobierno quiere proyectar. Para países étnicamente diversos, como China, esto impone un gran desafío. ¿Qué es ser chino? ¿Cuáles facetas de la identidad y la cultura china se van a emplear como herramientas diplomáticas?

La segunda está relacionada con la centralización o la descentralización de la diplomacia cultural, en una era en la que se habla de la internacionalización de las regiones y las ciudades. ¿Qué tipo de arquitectura se va a seguir? La diplomacia cultural y el poder blando no se pueden dejar a la improvisación o la inercia, y la decisión del Gobierno debe venir de un proceso de evaluación y estudio.

Y la tercera tiene que ver con el debate entre la cultura con fines económicos y políticos, y la economía con fines culturales y sociales. El caso de China demuestra que no se debe subestimar el poder de la cultura y el de Japón que no se puede pasar por alto su potencial económico y comercial.

Referencias

Bodeen, C. (2013). "China Poultry Plant's Locked Doors Highlight Work-Safety Concerns". *The Huffington Post*. Consultado el 1° de diciembre de 2013. Disponible en: http://www.huffingtonpost.com/2013/06/04/china-work-safety-poultry-plant-fire_n_3382702.html

Chin-Hao H. (2013). "China's Soft Power in East Asia: A Quest for Status and Influence?". *The National Bureau of Asian Research*. Consultado el 25 de noviembre de 2013. Disponible en: http://dornsife.usc.edu/assets/sites/451/docs/Huang_FINAL_China_Soft_Power_and_Status.pdf

China Central Television (CCTV.com) (2013). "8th Confucius Institute Conference closes in Beijing". Consultado el 8 de diciembre de 2013. Disponible en: http://english.cntv.cn/program/cultureexpress/20131211/101695.shtml

China Daily (2012). "Confucius Institutes go beyond borders". Consultado el 9 de diciembre de 2013. Disponible en: http://www.chinadaily.com.cn/china/2012-12/02/content_15978436.htm

________ (2013). "About China Daily". Consultado el 1° de diciembre de 2013. Disponible en: http://www.chinadaily.com.cn/cd/introduction.html

China Watch (2013). "About China Watch". Consultado el 1 de diciembre de 2013. Disponible en: http://chinawatch.washingtonpost.com/about.php

Cho, Y. N. y Jeong, J. H. (2008). "China's Soft Power: Discussions, Resources and Prospects". *Asian Survey*. Vol. 48, No. 3, 453-472.

Confucious Institute Online (2013). "Institutos Confucio en el mundo". Consultado el 8 de diciembre de 2013. Disponible en: http://www.chinesecio.com/?lang=es

Daliot-Bul, M. (2009). "Japan Brand Strategy: The Taming of 'Cool Japan' and the Challenges of Cultural Planning in a Postmodern Age". *Social Science Japan Journal*. Vol. 12, No. 2, 247-266.

Dynon, N. (2013). "History and culture not enough to drive China's soft power efforts". *Global Times*. Consultado el 25 de noviembre de 2013. Disponible en: http://www.globaltimes.cn/content/817948.shtml#.UqphMBtg-So

Eide, I. (1970). *Students as Links Between Cultures*. Paris: Unesco.

El Clarín (2013). "Llegó a La Haya la denuncia a Japón por la caza de ballenas". Consultado el 1 de diciembre de 2013. Consultado el 1 de diciembre de 2013. Disponible en: http://www.clarin.com/sociedad/Llego-denuncia-Japon-caza-ballenas_0_944905567.html

Garvizu, N. (2013). "Japan's soft power: the dissemination by the japanese cultural industry of pop culture to South Korea". Consultado el 25 de diciembre de 2013. Disponible en: http://www.academia.edu/3517815/Japans_soft_power_the_dissemination_by_the_Japanese_cultural_industry_of_pop_culture_to_South_Korea

Gómez, D. A. (2011). 'El soft power "con características chinas"'. Instituto Galego de Análise e Documentación Internacional Igadi. Consultado el 1 de diciembre de 2013. Disponible en: http://www.igadi.org/china/2011/pr/xr_el_soft_power_con_caracteristicas_chinas_pr.htm

Japan Foundation (2013). "Program Guidelines. Fiscal 2014-2015". Consultado el 7 de diciembre de 2013. Disponible en: http://www.jpf.go.jp/e/program/dl/guidelines_e_2014.pdf

Japan International Cooperation Agency (2013). "JICA Training and Dialogue Programs 2013 (April 2013-March 2014)". Consultado el 6 de diciembre de 2013. Disponible en: http://www.jica.go.jp/english/our_work/types_of_assistance/tech/acceptance/training/about/c8h0vm000066m3ps-att/all2013.pdf

_________ (2013a). "Civil Participation". Consultado el 6 de diciembre de 2013. Disponible en: http://www.jica.go.jp/english/our_work/types_of_assistance/citizen/volunteers.html

Japan Exchange and Teaching Programme (JET) (2013). "JET Programme Participant Numbers". Consultado el 6 de diciembre de 2013. Disponible en: http://www.jetprogramme.org/e/introduction/statistics.html

Kingston, J. (2009). "The strength of Japan's 'soft power'". *The Japan Times*. Consultado el 1° de diciembre de 2013. Disponible en http://www.japantimes.co.jp/culture/2009/01/18/books/the-strength-of-japans-soft-power-2/

Layer, S. (2010). "An exploration of Japan's soft power". Academy for Cultural Diplomacy. Case Studies in Cultural Diplomacy. Consultado el 25 de noviembre de 2013. Disponible en: http://www.culturaldiplomacy.org/pdf/case-studies/manga-and-anime-an-exploration-of-japans-soft-power.pdf

Mackay, M. (2013). "Can Japan Profit from its National 'Cool'?". Consultado el 1 de diciembre de 2013. Disponible en: http://edition.cnn.com/2010/WORLD/asiapcf/11/19/japan.cool.money/

Moss, T. (2013). "Soft Power? China has plenty". *The Diplomat*. Consultado el 1° de diciembre de 2013. Disponible en http://thediplomat.com/2013/06/soft-power-china-has-plenty/

Nye Jr., J. S. (2005). "The Rise of China's Soft Power". *The Wall Street Journal Asia*. Consultado el 1° de diciembre de 2013. Disponible en: http://belfercenter.hks.harvard.edu/publication/1499/rise_of_chinas_soft_power.html

_________ (2012). "China's Soft Power Deficit". *The Wall Street Journal*. Consultado el 1° de diciembre de 2013. Disponible en: http://online.wsj.com/news/articles/SB10001424052702304451104577389923098678842

Organización para el Desarrollo y la Cooperación Económica (OECD) (2013). "Aid to poor countries slips further as governments tighten budgets". Consultado el 6 de diciembre de 2013. Disponible en: http://www.oecd.org/dac/stats/aidtopoorcountriesslipsfurtherasgovernmentstightenbudgets.htm

Paradise, J. F. (2009). "China and International Harmony: The Role of Confucious Institutes in Bolstering Beijing's Soft Power". *Asian Survey*. Vol 49, No. 4, 647-669.

Peng, E. L. (2007). "Japan's Quest for Soft Power: Attraction and Limitation". *East Asia*, 24, 349-363.

Project Atlas (2013). "China". Consultado el 25 de noviembre de 2013. Disponible en http://www.iie.org/Services/Project-Atlas/China

Reuters (2013). "Africa Investment. China brings goods and roads, now Africa wants Jobs". Consultado el 25 de noviembre de 2013. Disponible en: http://www.reuters.com/article/2013/07/21/africa-china-idUSL6N0FI3TE20130721

Shogo, Suzuki (2009). "Chinese Soft Power, Insecurity Studies, Myopia and Fantasy". *Thirld World Quarterly*. Vol. 4, No. 30, 779-793.

Smith, H. (2013). "Toward a Universal Japan: taking a Harder Look at Japanese Soft Power". *Asia Policy*, January, 15, 115-126.

South China Morning Post (2013). "Japan Backs 'Soft' Export Firms with Cool Cash". Consultado el 10 de diciembre de 2013. Disponible en: http://www.scmp.com/business/companies/article/1365237/japan-backs-soft-export-firms-cool-cash

Stratfor, Global Intelligence (2013). "China's Hopes for Bridging the Taiwan Strait". Consultado el 1° de diciembre de 2013. Disponible en: http://www.stratfor.com/analysis/chinas-hopes-bridging-taiwan-strait

The Economist (2013). "More than minerals". Consultado el 1° de diciembre de 2013. Disponible en: http://www.economist.com/news/middle-east-and-africa/21574012-chinese-trade-africa-keeps-growing-fears-neocolonialism-are-overdone-more

The Japan Times (2013). "Japanese cuisine wins cultural heritage status". Consultado el 6 de diciembre de 2013. Disponible en: http://www.japantimes.co.jp/news/2013/12/05/national/japanese-cuisine-added-to-unesco-intangible-heritage-list/#.Uqkj1htg-So

Zoellick, R. B. (2005). "Whither China: From Membership to Responsability?". Consultado el 25 de noviembre de 2013. Disponible en: http://www.disam.dsca.mil/pubs/INDEXES/Vol%2028_2/Zoellick.pdf

Volver al pasado: geopolítica popular y medios masivos del entretenimiento en los Estados Unidos pos 9/11

Mario Iván Urueña Sánchez*

Introducción

¿Cómo cambió el discurso geopolítico popular de los Estados Unidos tras el 11 de septiembre de 2001? Esta pregunta surge en concordancia con una discusión muy relevante en la teoría de las relaciones internacionales y es la del verdadero impacto que tuvo el fin de la Guerra Fría en el sistema internacional. Las teorías realistas consideran que este evento fue un auténtico punto de inflexión en las dinámicas del poder en el orden global. Tal argumento surge más a partir de un enfoque centrado en los aspectos materiales y correlacionales en los que convergen los actores del sistema.

La inquietud que suscita este capítulo se soporta más bien en observar el alcance efectivo de esta transición histórica en los elementos ideales que determinan la realidad de los individuos. Para conseguir esto, el presente capítulo se concentrará en el espacio y el tiempo en los que estos elementos ideales han sido tremendamente publicitados: los medios audiovisuales del entretenimiento producidos en Estados Unidos después del 11 de septiembre de 2001.

La idea que se pretende defender aquí es que el discurso geopolítico popular estadounidense para la gran audiencia, contenido en los medios audiovisuales para el entretenimiento, lejos de ser un discurso renovador, simboliza una recapitulación y redefinición de la geopolítica popular de la Guerra Fría, en la medida

* Profesor de las universidades Externado, Rosario y Sabana. Docente investigador de la Facultad de Derecho la Universidad La Gran Colombia.

que (i) conserva el tratamiento del tema de la alteridad en función de paradigmas etnocéntricos, machistas y maniqueos, (ii) continúa estimulando la militarización de la sociedad estadounidense tanto hacia afuera como hacia adentro y (iii) resucita o actualiza con vigor héroes de ficción y narrativas exitosas de la Guerra Fría.

Para abordar esta idea, la metodología escogida será de carácter cualitativo y tomará como referencias varios artículos académicos publicados por teóricos de la geopolítica crítica que anteriormente han analizado medios audiovisuales del entretenimiento para la gran audiencia (entiéndase aquí por esto cine, televisión y juegos de video). Adicionalmente, se tratarán algunas otras fuentes de las mismas características, pero cuya interpretación se hace desde esta investigación.

A fin de tocar dichos temas, este capítulo se dividirá en dos partes. En la primera parte, se trabajará sobre un marco analítico en el que se brindará al lector una breve introducción al origen y fundamentos teóricos de la geopolítica crítica, así como de los conceptos de discurso geopolítico y discurso geopolítico popular, para al final del apartado realizar un vínculo entre este discurso y el poder político estadounidense. En la segunda parte, se tomarán los estudios de caso estudiados por los autores de la geopolítica crítica para analizar las tres dimensiones de la idea principal del capítulo y cerrar con unas breves conclusiones.

Marco analítico: la geopolítica crítica

La noción de discurso geopolítico

En los años 1980, un grupo de académicos británicos e irlandeses hicieron un esfuerzo por renovar las visiones "modernas" de la geopolítica desde un enfoque concordante con las teorías posmodernas y neo-gramscianas (Flint, 2006, p. 13). Ellos buscaron para este fin conciliar las ideas posestructuralistas de Michel Foucault y Jaques Derrida con la teoría social de Robert Cox, lo cual les permitió hacerse a una perspectiva crítica diseñada para analizar las prácticas y discursos de los tomadores de decisión estatales (Dalby, 2008, pp. 43-65).

De Foucault y Derrida, los geopolíticos críticos tomaron como referente de primer orden el concepto de saber/poder. Con este, ellos decidieron llevar a cabo una empresa teórica cuyo fin fuera el de problematizar el lugar de las estructuras existentes del poder y el conocimiento en una situación dada (Ó Tuathail, 1999, pp. 107-108). Así, el proyecto de la geopolítica crítica se desapegaba de las visiones tradicionales (de uso militar) y radicales (marxistas) de la geopolítica, las cuales se caracterizaban por ser enfoques preeminentemente materialistas. Desde este nuevo ángulo, las estructuras ideales y los actos de lenguaje se convirtieron en el objeto del análisis geopolítico.

En el caso de Cox, la distinción que él hace entre teorías resuelve-problemas (*problem solving theories*) y teorías críticas (*critical theories*) demarca un camino muy importante hacia nuevos aspectos del conocimiento de la política mundial. Para él, el primer tipo de teorías tiene como propósito "ser una guía que permita ayudar a solucionar los problemas que se plantean en términos de una perspectiva particular que se toma como punto de partida", mientras el segundo tipo "llega a estar claramente al tanto de la perspectiva que da origen a la teorización, y su relación con otras perspectivas (para así lograr una perspectiva de perspectivas); y abrir la posibilidad de escoger una perspectiva diferente y válida desde la cual la problemática se convierte en la de crear un mundo alternativo" (Cox y Sinclair, 1996, p. 88).

El concepto de *geopolítica crítica,* que fue inspirado en estos idearios, apareció por primera vez en 1989 con la tesis doctoral de Gearóid Ó Tuathail, la cual fue dirigida por John Agnew. De manera simultánea, Simon Dalby publicó la que podría ser considerada la otra *opera prima* de la geopolítica crítica: *Creating the Second Cold War,* un libro en el que él hacía un ejercicio de deconstrucción de los discursos oficiales de "la segunda guerra fría" durante la presidencia de Ronald Reagan en los Estados Unidos (Cairo, 2005, p. XIII).

La tarea más importante del proyecto de la geopolítica crítica fue el de redefinir el concepto de geopolítica para incluir en él tanto los aspectos discursivos de las prácticas políticas como las representaciones que han hecho los tomadores de decisiones políticas. Estos aspectos llevaron a Ó Tuathail a dar más precisiones como esta:

[La geopolítica] debe ser reconceptualizada críticamente como una práctica discursiva por la cual los líderes e intelectuales de Estado espacializan" la política internacional en forma tal que la representan como un "mundo" caracterizado por tipos particulares de lugares, personas y dramas. Para nuestro entendimiento, el estudio de la geopolítica es el estudio de la espacialización de la política internacional hecha por los poderes del centro y los Estados hegemónicos (Ó Tuathail y Agnew, 2008, p. 221).

Dada la importancia del concepto de discurso en la definición de geopolítica según los autores críticos, es necesario brindarle una acepción que sea coherente con la teoría escogida. Para Ó Tuathail y Agnew, los discursos geopolíticos:

Refieren aquí a cómo la economía política internacional ha sido "escrita y leída" por las prácticas de las políticas económicas y exteriores durante los diferentes periodos de un orden geopolítico. Por escrita se entiende el modo en que las representaciones geográficas fueron incorporadas en las prácticas de las elites políticas. Leída por su parte refiere al modo en que estas representaciones fueron comunicadas (Agnew y Corbridge, 1995, p. 47).

Además, los geopolíticos críticos decidieron ir más allá de las definiciones *modernas* de discurso, ya que para ellos este comprende un conjunto más complejo de elementos, es decir que el *discurso*:

[...] no es simplemente declaraciones escritas o alocuciones verbales sino que son las reglas por las cuales esas declaraciones escritas o esas alocuciones verbales tienen sentido. El discurso lo habilita a uno para escribir, hablar, escuchar y actuar con total significado. Los discursos son un conjunto de capacidades, una combinación de reglas por las cuales los lectores/oyentes y los voceros/audiencia son capaces de tomar lo que oyen y leen y construirlo como un todo organizado y comprensible (Ó Tuathail y Agnew, 2008, pp. 222-223).

El discurso geopolítico toma en cuenta una relación entre los emisores y los receptores, cuyo resultado es la construcción conjunta de un universo de sentido desde la puesta en práctica de las representaciones geográficas de las elites políticas. Posteriormente, estas representaciones tendrán un significado diferente por parte de la audiencia.

El discurso geopolítico popular

En contravía de la visión de Henry Kissinger, quien considera la geopolítica como un resultado exclusivo del desempeño de los "expertos" dentro de los círculos del poder del Estado, los geopolíticos críticos piensan que ella es producida más que todo desde varios focos de poder al interior de una sociedad Estado-céntrica (Ó Tuathail y Agnew, 2008, p. 222).

Por ende, los geopolíticos críticos han dividido el discurso geopolítico en tres tipos (ver figura 1): (i) la geopolítica formal, que abarca las teorías avanzadas de la geopolítica y las perspectivas creadas por los líderes e intelectuales de Estado; (ii) la *geopolítica práctica*, que hace mención a las narraciones utilizadas por los tomadores de decisión política y los políticos en la práctica real de la política exterior; las formas públicas de estos guiones —en los discursos y las alocuciones públicas— son la materia prima de la geopolítica práctica; y (iii) la *geopolítica popular*, que está interesada en las narraciones del mundo político que son expresadas en la cultura popular del Estado, sobre todo desde el sesgo del cine, las novelas y las caricaturas (Ó Tuathail, Dalby y Routledge, 2006, p. 9).

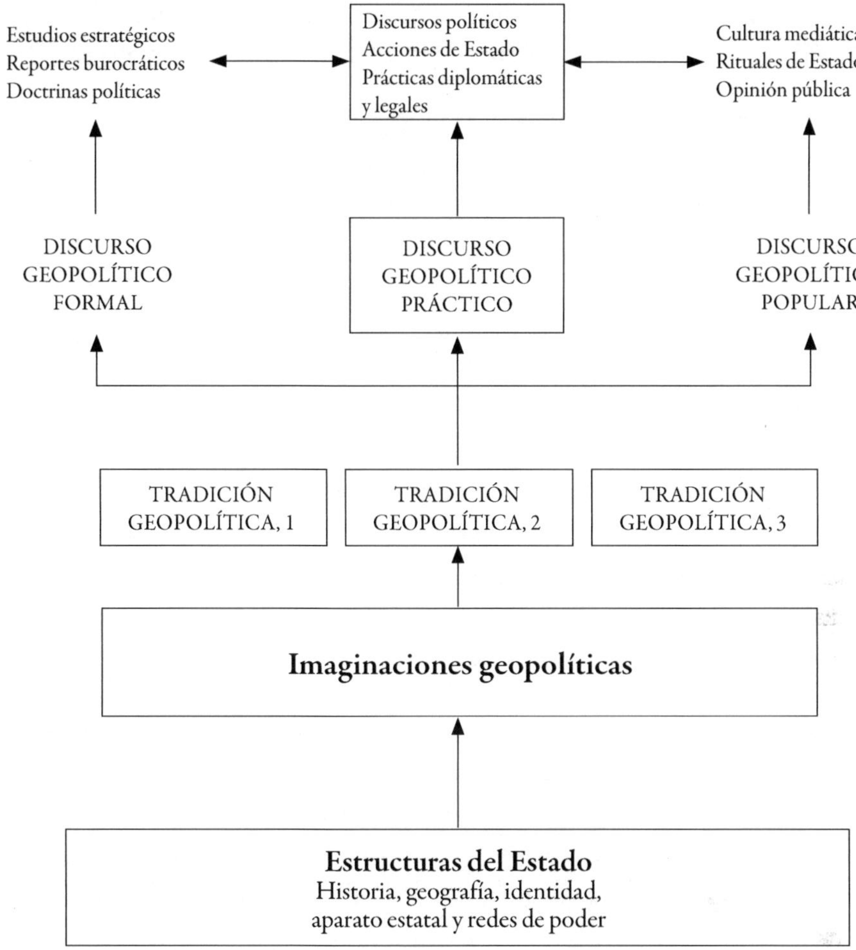

Figura 1. Los tres discursos geopolíticos

Fuente: Ó Tuathail, Dalby y Routledge (2006, p. 8).

Empero, los geopolíticos críticos no atribuyen el mismo valor a los tres discursos. Aunque la geopolítica formal y la geopolítica popular sean importantes para "espacializar" y representar los lugares y los dramas, solamente el discurso práctico es preponderante para que los tomadores de decisión política escojan sus opciones. Dicho de otra manera:

> La mayor parte del razonamiento geopolítico en la política mundial es de tipo práctico y no formal. El razonamiento geopolítico práctico está racionalizado por medio de supuestos consensuados y normales acerca de los lugares y sus

> identidades particulares. Este es el razonamiento de los practicantes del liderazgo estatal, de los hombres de Estado, de los políticos y de los comandantes militares (Ó Tuathail y Agnew, 2008, p. 222).

Para Jason Dittmeter la relevancia del discurso geopolítico práctico es evidente, dado que "este es el discurso usado por los políticos y los tomadores de decisión política [...]. La geopolítica práctica parece ser la más importante forma del discurso geopolítico; es ciertamente la punta de lanza de la geopolítica, donde las palabras de los políticos pueden desatar muerte y destrucción hacia los objetos de su discurso" (2010, p. 14).

No obstante, entre los autores que se inscriben dentro de la corriente de la geopolítica crítica existen varios que han preferido trabajar sobre asuntos concernientes a la geopolítica popular. Las razones por las cuales este discurso puede resultar de interés para los analistas internacionales giran en torno a tres aspectos: el ontológico-epistemológico, el metodológico y el concerniente a la relación sujeto-nuevas tecnologías.

En el primer aspecto, el ontológico-epistemológico, pueden tomarse en cuenta tres motivos para ponderar la geopolítica popular por encima de los otros dos tipos de discurso geopolítico: (i) porque es clave para tener un conocimiento integral tanto de las identidades nacionales como de los órdenes globales, ya que este representa la construcción de guiones que moldean la percepción de los eventos políticos (Dittmer, 2005, p. 626); (ii) porque contribuye a la generación y reproducción de una serie de imaginaciones y tradiciones geográficas que ayudan a sostener visiones particulares de los Estados y territorios (Dodds, 2006, p. 127) y (iii) porque a diferencia de la geopolítica formal y práctica, ella hace referencia a las formas del discurso geopolítico que constituyen las espacializaciones producidas desde los focos de poder en la cotidianidad, en especial entre las no elites (Dittmer y Dodds, 2013, p. 78).

En segundo lugar, con relación al plano metodológico, la geopolítica popular cuenta con la ventaja de poder ser leída en una gran variedad de contextos institucionales y visuales. Entre estos vale la pena que sean destacados: el cine, la televisión, la prensa escrita, las historietas cómicas, los dibujos animados, la radio y los juegos de video (Dittmer y Dodds, 2008, p. 443). La masificación de todas estas fuentes de información, en especial durante las últimas décadas, ha llevado en cierta forma a que los discursos de los tomadores de decisión y de los intelectuales orgánicos se pierdan en una avalancha de otras narraciones; narraciones que terminan siendo más inteligibles para la gran audiencia por la sencillez de su lenguaje, lo que altera sustantivamente la imposición de cualquier "régimen de verdad".

En tercer lugar, la relación sujeto-nuevas tecnologías es ampliamente favorable a la asimilación e introyección de un discurso geopolítico por parte de una audiencia cada vez mayor. Los ejemplos del cine, la televisión y los juegos de video son muy dicientes al respecto. En lo que compete al primero, Klaus Dodds comenta que "el poder de las películas yace no solamente en su aparente ubicuidad sino también en la manera en que ellas ayudan a crear (a veces dramáticamente) la comprensión de eventos particulares, identidades nacionales y la relación con otros" (Dodds, 2008a, p. 1621). Puede entenderse que salvo unas diferencias menores, la televisión cuenta con el mismo poder de difusión y de representación del discurso geopolítico popular que el cine.

Los juegos de video logran ir aún más lejos en su intención de hacer llegar su discurso al auditorio. El hiperrealismo de la situación a la que se enfrenta el jugador es constituido por varios elementos como la virtualidad, la aprehensión de roles y la posibilidad de interactuar con el "entorno" que brinda el juego. Más adelante se explicará en detalle esta cuestión.

Tomando en cuenta las razones anteriormente expuestas, el presente documento tomará como foco de investigación el discurso geopolítico popular contenido prioritariamente en el cine, la televisión y los juegos de video, para entender cómo las elites políticas estadounidenses buscaron crear un "sentido común" susceptible de ser vulgarizado para la audiencia doméstica e internacional después de los sucesos del 11 de septiembre de 2001.

El 11 de septiembre, el poder político y la geopolítica popular

Más de una década después de los atentados del 11 de septiembre de 2001 no existe un consenso acerca de lo que este evento significó para el sistema internacional. La guerra mundial contra el terrorismo (GWOT, por su sigla en inglés) lanzada por el presidente estadounidense George W. Bush logró en apariencia brindarle un carácter de universalidad a la lucha contra el terrorismo. Su discurso en contra de este flagelo y la réplica de muchos mandatarios a lo largo y ancho del orbe parecieron dar a entender el inicio de una nueva era. Sin embargo, son varios los académicos de las relaciones internacionales que han desestimado el verdadero impacto de la GWOT.

El "nuevo" terrorismo internacional es una amenaza construida. Así lo señalan autores como Robert Keohane (2002), Colin Gray (2002), Tim Dunne y Gareth Stansfield (2008) y Barry Buzan y Lene Hansen (2009), para quienes el debate sobre este fenómeno tiene una importancia marginal en lo concerniente a las dinámicas que determinan la polaridad mundial. En sus palabras, la GWOT no llevó a un nuevo orden mundial, a pesar de las manifestaciones de apoyo hacia los Estados Unidos por parte de otros países (incluidas las potencias "adversarias"). Los años subsiguientes al 11 de septiembre han demostrado que poco cambiaron las prioridades de los grandes tomadores de decisión política. Los intereses geopolíticos y la obtención de recursos naturales siguen siendo todavía las motivaciones más fuertes para los *policy-makers*.

A pesar de que estos y otros autores que concuerdan con tal apreciación hacen parte de las teorías *mainstream* de las relaciones internacionales, cosa que les otorga un gran peso en la geopolítica formal estadounidense, las medidas tomadas desde la geopolítica práctica hablan de un rumbo diferente; un rumbo que terminó de paso por afectar a la geopolítica popular de los Estados Unidos.

Las elites políticas de Washington buscaron insistentemente forjar una alianza con la industria cinematográfica después del instante mismo de los atentados. Poco después de los sucesos del 9/11, Karl Rove, en ese entonces consejero especial de la administración Bush, sostuvo una cumbre en Beverly Hills, donde los representantes de la industria del entretenimiento se unieron a él para ponerse al servicio del Gobierno y contribuir a la guerra contra el terrorismo. Así las cosas, los productores de Hollywood se pusieron en sintonía con el presidente estadounidense y su nuevo discurso, a pesar de privilegiar una táctica distinta. A la inversa del lenguaje explícito de Bush para con los terroristas, ellos prefirieron hacer apología a los eventos de Washington y Nueva York más por asociación que de modo directo (Dodds, 2008a, p. 1621).

De acuerdo con las renovadas directrices de la Casa Blanca, el Departamento de Defensa fue uno de los organismos más activos en la redefinición del discurso geopolítico popular. A partir de octubre y noviembre de 2001, "oficiales del Pentágono comenzaron una serie de reuniones con directores, guionistas y especialistas en películas de desastres para 'solicitar la ayuda de Hollywood en la guerra contra el terrorismo' e imaginar posibles escenarios y respuestas a él" (Power y Crampton, 2005, p. 193).

La influencia del Gobierno estadounidense y del Pentágono cumplía con el compromiso de "lograr el adecuado mensaje ideológico a lo largo y ancho no solo de los Estados Unidos sino de toda la audiencia de Holllywood alrededor del mundo" (Power y Crampton, 2005, p. 193). Para dicho fin se creó la Oficina de Relaciones Públicas y de la Asistencia Especial para los Medios Masivos del Entretenimiento del Departamento de Defensa, bajo la dirección en ese entonces del coronel en retiro de la Naval Phillip M. Sturb. Esta oficina sería la encargada de institucionalizar una cooperación perdurable entre el Pentágono y Hollywood. En el mismo sentido, la Naval, la Infantería, la Fuerza Aérea y la Infantería de Marina instalaron oficinas de enlace en Los Ángeles para cada una de ellas (Löfflmann, 2013, p. 283).

La presencia de los asesores militares en las inmediaciones de los grandes estudios cinematográficos respondía a una doble función en las producciones que iban a ser consumidas masivamente: la edición de contenidos y el apoyo logístico. En lo que respecta a la primera función, el esfuerzo del Pentágono se concentraba en evaluar que las películas se ciñeran a los criterios de "precisión" y "realismo", lo que se traducía en que estas reflejaran una imagen verosímil del ejército estadounidense y de su papel en la defensa de la seguridad nacional del país (Löfflmann, 2013, p. 283).

El procedimiento consistía en que primero el guión de cada película era radicado ante las oficinas de enlace de la fuerza específica, luego de lo cual se iniciaba un proceso de evaluación del mismo. De ser aceptado, se preparaba una recomendación de apoyo para el Pentágono, que a su vez podía hacer otras sugerencias de modificaciones en caso de que la oficina de enlace lo considerara conveniente. La última palabra residía sin embargo en la Oficina de Relaciones Públicas y de la Asistencia Especial para los Medios Masivos del Entretenimiento del Departamento de Defensa (Löfflmann, 2013, p. 283).

La segunda función estaba comprendida en un apoyo logístico a las producciones audiovisuales "que incluía asesorías técnicas por parte de miembros activos o en retiro de las Fuerzas Armadas, el préstamo de equipamiento militar, como tanques y helicópteros, el aprovisionamiento de personal militar como extras, o escenarios de batalla en instalaciones militares" (Löfflmann, 2013, p. 283). Como grandes beneficiarias de esta relación público-privada aparecen franquicias multimillonarias como *Iron Man* y *Transformers* y películas de alto presupuesto como *Battle: Los Angeles* (2011) y *Battleship* (2012) (Löfflmann, 2013, p. 287).

Todo este trabajo mancomunado llevó a la instauración de un nuevo complejo militar-industrial-mediático-del entretenimiento (*MIME complex*, por su sigla en inglés), el cual estrechó con mayor determinación los ya existentes vínculos entre las agencias de seguridad del Gobierno estadounidense y los grandes conglomerados mediáticos. Cabe destacar que conjuntamente a la industria del cine, la de los juegos de video y de la televisión se alinearon con la misma fidelidad a esta nueva alianza público-privada (Dodds, 2008; Schulzke, 2013). Dentro de las franquicias más significativas se encuentran títulos como *Call of Duty, Grand Theft Auto, Di-*

plomacy, Civilization y *American Army*, para los videojuegos (Salter, 2011; Grondin, 2011), y la superproducción *24*, para las series de televisión (Schulzke, 2013).

La geopolítica popular estadounidense del pos 11 de septiembre

En este segundo apartado del capítulo se trabajará sobre las tres dimensiones de estudio que fueron enunciadas en la premisa principal de este trabajo, es decir: (i) el discurso sobre la alteridad, (ii) la estimulación de la militarización social y (iii) la reincorporación y actualización de mitologías de la Guerra Fría.

Para abordar estas temáticas se tomaron en cuenta una serie de artículos académicos realizados por teóricos cuyo marco analítico también consistió en el estudio de la geopolítica popular estadounidense del pos 11 de septiembre. Entre los autores más destacados se puede mencionar a Gearóid Ó Tuathail, Klaus Dodds, Jason Dittmer, David Grondin, Mark Salter, Robert Saunders, Marcus Schulzke, Susan Carruthers y Georg Löfflmann. En este segmento se retomarán sus estudios de caso para, en primer lugar, encontrar las dimensiones en común de interpretación que del discurso popular tiene la geopolítica crítica y, en segundo lugar, analizar dichas dimensiones.

Es preciso aclarar que las investigaciones de los autores arriba mencionados toman en consideración una gama amplia de fuentes para realizar lecturas textuales, contextuales e intertextuales. Así las cosas, los objetos de investigación seleccionados para el desarrollo de esta sección serán las películas, juegos de video y series de televisión mencionados en el apartado anterior, a los que se les incluirán los análisis sobre películas de acción como *Black Hawk Down* (2001), *Behind Enemy Lines* (2001), *We were soldiers* (2002), *Minority Report* (2002), *The Kingdom* (2007), *Rambo* (2008), *G.I. Joe: the rise of Cobra* (2009), *The Avengers* (2012) y las franquicias de *xxx, Bourne, Delta Force, James Bond*, thrillers como *Sum of all fears* (2002), *United 93* (2006), *Rendition* (2007), *Lions for Lambs* (2007) y películas de zombies como *World War Z* (2013).

En lugar de hacer una descripción de la trama de cada película, las partes subsiguientes tendrán como propósito abordar las tres dimensiones de la premisa principal. La referencia a las películas, juegos de video y la serie de televisión en estudio tendrán un carácter netamente ilustrativo de cara a los puntos que se pretenden defender.

El discurso sobre el sí y la alteridad

La geopolítica crítica, como una teoría reflectivista de las relaciones internacionales, toma conceptos claves de los racionalistas, como soberanía, identidad e interés, ya no como variables exógenas sino como endógenas. Es decir, que estas variables no aparecen como ya dadas al momento en que estructura y agente interactúan sino que son construidas socialmente justo por esa interacción (Wendt, 1999). De tal forma debe entenderse que bajo este enfoque no existen presupuestos ideales de soberanía (adentro-afuera) e identidad (el sí y el otro) más allá de las prácticas intersubjetivas.

Para la geopolítica popular, estas dualidades están fielmente representadas en las fuentes audiovisuales escogidas, y con ello se puede hacer una triple interpretación del rol de los Estados Unidos y de los otros actores en el orden mundial pos 9/11: (i) la del sí como un actor justificadamente imperialista y fuertemente masculinizado, (ii) la del otro como un enemigo cuyas intenciones son hostiles e injustificadas y (iii) la de un enemigo interior que desestabiliza desde adentro al sí.

En primer lugar, varias de las fuentes citadas representan a los Estados Unidos como una nación golpeada y herida por las acciones cometidas por un "otro" desde el exterior. Esta humillación los coloca en desventaja las más de las veces en términos de capacidades materiales, a pesar de que su poderío militar ha quedado de manifiesto. Sin embargo, el complemento de este discurso es la resiliencia que demuestra el país por medio de sus héroes para sobreponerse ante la adversidad.

A pesar de la aparente debilidad del "sí", las mismas fuentes ponen de presente la voluntad imperialista estadounidense como una característica necesaria para la estabilidad mundial en los años recientes. Como lo ponen de presente Carl Boggs y Tom Pollard: "La máquina de guerra de Hollywood se ha movido a toda marcha durante los últimos años, capitalizando el sentimiento estadounidense del pos 11 de septiembre de una nación herida, vengativa, pero todavía muy imperialista y preparada para arreglar el mundo" (2008, p. 566).

Respecto al tema de género, es poco lo que el discurso geopolítico popular estadounidense ha renovado en comparación con producciones audiovisuales de periodos anteriores. Ahora como antes, la masculinidad y con ella su perspectiva del mundo y sus problemas dominan la narrativa del *hegemón* lastimado. Puede que existan matices entre los tipos de masculinidad: de la muy clásica del agente del servicio secreto británico James Bond a una más "conflictuada" como la del ex agente de la CIA Jason Bourne (Dodds, 2010). El caso es que el protagonismo de los hombres, al menos en el caso del cine de acción-suspenso, sigue siendo indiscutible.

En segundo lugar, la representación de la *geopolítica popular* que se hace del otro pasa necesariamente por la construcción maniquea de este último como una amenaza a la propia supervivencia. Durante la Guerra Fría, este rol lo ejercía a cabalidad la Unión de Repúblicas Socialistas Soviéticas (URSS). En ese entonces la "marea roja", que era la forma como se hacía alegoría a este modelo del "otro", saturaba el discurso geopolítico popular estadounidense desde el *Reader's Digest* hasta las superproducciones de Hollywood (Dodds, 2005).

La década comprendida entre 1991 y el 2001 fue un periodo marcado por la indecisión a la hora de asignar ese rol distintivo del "otro". Hasta el final de ese lapso, la disputa por ese indeseable reconocimiento oscilaba entre los barones de la droga suramericanos y los fundamentalistas islámicos (Ó Tuathail, Dalby y Routledge, 2006).

El 2001 trajo consigo una andanada de representaciones antimusulmanas que fueron plasmadas en varias películas durante los años sucesivos (Downing, 2013). No obstante, estas, más que inventar o crear de la nada una identidad del islam como el "otro", explotaron las abstracciones y simplificaciones hechas por las películas producidas durante las dos décadas anteriores. Por ende, puede hablarse de una exaltación más que de una génesis de la alteridad de lo "musulmán" como amenaza y de "Medio Oriente" como entidad geopolítica. Según Boggs y Pollard:

> Para el cine y la política el "Medio Oriente" existe ahora como una categoría cuasi-mítica bastante ajena al tiempo y al espacio, una fuente efectiva de oscuros miedos y amenazas. Tal sesgo ideológico ha delineado la comprensión pública de la región (como también del terrorismo) muchos años antes del 9/11, lo que se reflejó en una nueva ola de películas centradas en el terrorismo del Oriente Medio a principios de la década de 1980 (2006, p. 336).

Mientras las películas que tocan el tema del Medio Oriente enajenan a esta región geográfica del espacio-tiempo, la geopolítica popular estadounidense se vale también de metáforas para dejar de presente el maniqueísmo de su discurso. Tal es el caso de las películas de invasión alienígena, un género altamente explotado durante la Guerra Fría. En ese entonces, la "amenaza roja" asociada a los ataques marcianos y la idea del "invasor foráneo" daban cuenta de un enemigo fácilmente distinguible (la URSS). Ahora, aunque perduran muchos lugares comunes en los guiones (agresión no provocada desde el "afuera" y exhortación a la superación de las diferencias domésticas), el mensaje parece dirigido a hacer frente a un enemigo con tácticas irregulares cuyo golpe puede provenir de cualquier lugar. En palabras de Löfflmann:

> Las películas de invasión extraterrestre representan constante y consistentemente a los Estados Unidos como una víctima inocente de una agresión desde el exterior que no fue provocada. Las Fuerzas Armadas son movilizadas en una lucha desesperada por la supervivencia que enfrenta a un virtuoso estadounidense que lleva las de perder frente a una malévola fuerza invasora alienígena que parte con una superioridad aplastante. Esta narrativa refleja las realidades geopolíticas de la guerra asimétrica en el mundo del post 9/11 y reconfirma el discurso de un Estados Unidos que es atacado sorpresivamente por enemigos malvados (2013, p. 291).

Sin embargo, no siempre este discurso geopolítico popular destinado a las grandes audiencias alerta exclusivamente sobre las amenazas externas. El tratamiento del "enemigo interno" ocupa un lugar igualmente relevante en las grandes producciones audiovisuales. Aquí, vale la pena diferenciar el tratamiento dado a dos tipos diferentes de enemigos: los "otros" que se instalan dentro del propio territorio y los "nuestros" que equivocan el camino.

En cuanto al primer tipo de enemigo, se puede hacer alusión a otro género que tuvo gran acogida a lo largo de la Guerra Fría: las películas de zombis. La narrativa de estas estuvo inspirada en la mitología de los "muertos que regresan a la vida" y que hace parte de creencias tan arraigadas como el vudú en Haití. La doble condición de vivo-muerto ha erigido a la imagen del zombi como aquel *otro invasor* que transgrede los espacios más íntimos de los ciudadanos, poniendo en peligro su propia existencia. En efecto, esta representación permite al espectador hacer un rápido símil con la alteridad que se hace presente en su ser cotidiano. Para Saunders:

> Los *zombies* pueden ser interpretados como los últimos violadores de fronteras, ya que ellos no solo "invaden" el espacio de los "humanos vivientes" sino que también se mueven a través de fronteras (o puertas) aparentemente impasables entre la vida y la muerte. Ellos son liminales tanto espacial como sobrenaturalmente. Con su traspaso de fronteras, los *zombies* representan una multitud de otros violadores de fronteras bien sea históricos o contemporáneos: étnico-raciales (los afro-americanos en los 1950 y 1960), los sexuales (travestis y LGBT), nacionales (inmigrantes indocumentados), entre otros (2012, p. 89).

Hoy llama poderosamente la atención la coincidencia de hechos políticos internos estadounidenses con un auge nunca antes visto de las películas sobre zombis. Por un lado, gobiernos republicanos y demócratas en el nivel federal han debido sortear sin mucho éxito el espinoso tema de una reforma migratoria o la aprobación de polémicas leyes estatales como la SB1070 de 2010 en Arizona. Por el otro lado, películas como *Dawn of The Dead* (2004), *Day of the Dead* (2008), *Zombieland* (2009), *Zombie Apocalypse* (2011), *Zombie Hunter* (2011), *Zombie Night* (2013), *Before the Dawn* (2014), junto con la ya citada *World War Z* y la exitosa serie de televisión *The Walking Dead* (2010), son prueba de la saturación de este nicho dentro del mercado del entretenimiento.

Concerniente al segundo tipo de enemigo, la democratización de la paranoia que llega a la gran audiencia desde la geopolítica popular encierra del mismo modo la presencia de amenazas relacionadas con los propios ciudadanos estadounidenses. La exitosa saga *Bourne* y la serie televisiva *24* revelan la presencia de enemigos diferentes a los convencionales. Aquí, los yihadistas, los extraterrestres y los zombis pierden su protagonismo para dar cabida a agentes corruptos de la CIA (*Bourne*) o a ciudadanos ingenuos o temerarios (*24*) (Brereton y Culloty, 2012, p. 488).

Si bien es cierto que el maniqueísmo propio de la dualidad sí-otro ha acaparado la mayor parte de la cartelera norteamericana, no es menos cierto que al igual que en la Guerra Fría aparecen contra ejemplos de producciones críticas a esta visión de la alteridad. Así como para la Guerra de Vietnam se destacaron películas temáticas como *Apocalypse Now* (1979) y *Platoon* (1986), en la guerra contra el terrorismo lo hicieron sus contrapartes *Rendition* y *Lions for Lambs* (Philpott, 2010, p. 342). Este argumento termina siendo una excepción que confirma la tesis de una geopolítica popular más de continuidades que de rupturas entre la Guerra Fría y el pos 11 de septiembre.

La estimulación de la militarización social

El desarrollo tecnológico de los primeros años del siglo XXI ha transformado la forma en que el espectador interactúa con la fuente de transmisión del mensaje. Si la anterior premisa es válida para la televisión y el cine, lo es aún más para los juegos de video. Como se habló arriba, este medio audiovisual cuenta con mejoramientos similares a los de sus contrapartes, como los que competen a la resolución de la imagen y la masificación. No obstante, va un paso más allá al permitir al espectador pasar de un rol pasivo en la recepción del discurso a integrarse en él de manera activa.

Lo anterior es posible por cuanto la experiencia visual del espectador está mediada por la simulación excesivamente realista de las situaciones a las que se enfrenta. Esto, junto con la repetición de las escenas para superar los niveles del juego, facilita la compenetración del jugador con el discurso que se le transmite, cosa que se traduce en la inmersión en un tipo de realidad virtual que afecta la corporeidad del jugador al abstraerlo hacia un espacio-tiempo ilusorio.

Con respecto a los videojuegos de guerra, importantes productoras como Zombie Studios trabajaron de la mano con el Ejército estadounidense para implementar un simulador móvil llamado Virtual Army Experience (VAE) a su juego *America's Army.* Allí, el jugador incursiona en un ambiente militar de tamaño real en el que recrea la experiencia de un soldado en campo. El estilo hiperrealista de este y otros juegos difumina gradualmente los límites de identidad de lo real-virtual y de lo civil-militar. Para el teórico posestructuralista James Der Derian:

> Cuando los juegos de guerra y los juegos de lenguaje se vuelven prácticamente indistinguibles, cuando los poderes de simulación que imitan, repiten y reaccionan terminan por negar de cualquier forma el significado original, algo más que la paz está en riesgo [...], con las formas de verosimilitud en aumento, las simulaciones muestran su capacidad para preceder y reemplazar la realidad misma (Der Derian en Salter, 2011, p. 362).

Decir que "los juegos de guerra y los juegos de lenguaje se vuelven prácticamente indistinguibles" y que "algo más que la paz está en riesgo" es presenciar una simbiosis entre el cuerpo militar y el civil, lo cual conlleva una disociación de los roles que puede alterar los valores de una sociedad. Es involucrar a los civiles en un campo que les es ajeno pero familiar: la contrainsurgencia contemporánea y el contraterrorismo.

La irrupción en el escenario internacional de la GWOT significó una readaptación más que una reformulación de la doctrina contrainsurgente empleada desde la guerra de Vietnam. Empero, las relaciones cívico-militares sostenidas por la política de "corazones y mentes" de ese entonces conoce una dimensión completamente nueva en el momento actual. Ganar el favor de la sociedad civil no es ya una cuestión de "quitarle el agua al pez", sino de convertir a los ciudadanos en una fuerza activa y beligerante que tome partido por las fuerzas estatales. Algo más parecido al "pueblo en armas" de Clausewitz. Es la consolidación de la militarización (o paramilitarización) de la sociedad. En la geopolítica popular se pueden vislumbrar momentos de resolución del carácter de los civiles para la acción como en las películas *Battle: Los Angeles* y sobre todo en *United 93*. El "otro" como invasor o terrorista demanda una acción decidida de "todos nosotros" en su contra.

Es preciso señalar que la dialéctica del terrorismo-contraterrorismo no es tampoco una invención del pos 11 de septiembre. Aunque la evocación al aumento de la militarización de la sociedad se trabajó de una forma más decisiva después de 2001, debe decirse que lejos de crear guiones novedosos, lo que se hizo desde ahí fue perfeccionar los ya existentes con propósitos más puramente políticos, ya que:

> Las películas de alto perfil en Hollywood que tratan temas relacionados con terrorismo pudieron haber alcanzado su pico en los 1990, pero el género —moldeado de nuevo en un revestimiento más sofisticado— de seguro extendió su longevidad, atrayendo a una gran audiencia en los Estados Unidos mientras la dialéctica militarismo/terrorismo avanza en su sendero mortal (Boggs y Pollard, 2006, p. 347).

De acuerdo con la cita anterior resulta pertinente subrayar que el discurso geopolítico popular contra el terrorismo es un discurso en el que ni siquiera la transición 1991-2001 apunta a un descenso significativo en su producción. Es evidente entonces que el 11 de septiembre sirvió para aumentar el militarismo en la sociedad, pero de ninguna forma este último fue instigado por lo que ocurrió en tal fecha. Ejemplo de esto son las películas *Black Hawk Down* (2001) y *We were soldiers* (2001), las cuales, a pesar de que ya marcaban el camino hacia un "nuevo militarismo", fueron rodadas antes de los eventos de Nueva York y Washington. Es tan decidida la intención de ambas películas hacia el gran público que su mensaje es el mismo: hacer revisionismo histórico al hacer pasar derrotas ocurridas en confrontaciones reales (Mogadiscio y el valle de Ia Drang, respectivamente) como victorias en la ficción (Carruthers, 2003, p. 168).

Mas la nueva geopolítica popular de los medios audiovisuales no solo radica en llevar la militarización a nuevas personas, sino también a nuevos espacios. De las selvas tropicales y los desiertos afro-asiáticos que dominaron el paisaje del entretenimiento hace unas décadas, las locaciones de acción se mudaron a las propias ciudades estadounidenses. Como muestra de esta aseveración se encuentran las auténticas guerras libradas en las tres más populosas ciudades de los Estados Unidos: Nueva York (mencionada explícitamente en *The Avengers* y mediante el seudónimo de *Liberty City* en *Grand Theft Auto IV*) (Grondin, 2011), Los Ángeles (*Battle: Los Angeles*) y Chicago (*Transformers: Dark of the Moon*, 2011).

La reincorporación y actualización de mitologías de la Guerra Fría

Una de las cosas que más poderosamente llama la atención de la geopolítica popular del pos 11 de septiembre es el *boom* de adaptaciones que los grandes estudios hicieron de las narraciones y personajes mitológicos de la Guerra Fría (e inclusive de la Segunda Guerra Mundial) para ponerlos al día con el nuevo orden mundial. Héroes de acción que tan bien se desenvolvían entre las geografías binarias, como Captain America en los años cuarenta, Ironman en los sesenta o Rambo y The Tranformers en los ochenta, capitalizaron su discurso para perpetuarse como franquicias multimillonarias.

Los eventos del 2001 dieron la excusa perfecta para que héroes icónicos de la Guerra Fría volvieran a sus orígenes, los cuales radicarían ahora en acontecimientos geopolíticos del siglo XXI. El Capitán América y Ironman utilizaron los atentados de Nueva York y Washington y la guerra de Afganistán respectivamente para construir una nueva mitología. En el caso del superhéroe que viste con los colores de la bandera de Estados Unidos, su evolución durante la Guerra Fría, sobre todo a partir de la década de 1960, hizo de él un personaje con mayor complejidad y mayor ambigüedad que las que mostraba en sus inicios en la década de 1940. La versión pos 11 de septiembre en cambio fue un regreso a la "buena guerra" (Segunda Guerra Mundial), donde volvieron a ser nítidas categorías como bueno y malo, libertad y fascismo (Dittmer, 2005, p. 637).

Por su parte, el hombre de hierro abandona las locaciones de Vietnam, lugar en el que las historietas cómicas fijaban el escenario de guerra que retrataba la transmutación del archimillonario Tony Stark en el héroe de traje metálico, por una actualizada incursión militar en Afganistán para la película del 2008 (Beck, 2009, p. 29).

La nostalgia que conlleva la repetición de historias similares en contextos diferentes entre la Guerra Fría y el pos 11 de septiembre tiene mucho que ver con el regreso de la "geopolítica de los militares". En oposición al "fin de la geopolítica" que anticipaba la caducidad del Estado-nación moderno y la configuración de redes transnacionales como las nuevas formas de poder, el 2001 marca la restauración de una hegemonía en el sentido realista del término, en el que la *pax americana* retoma el talante del pasado. Para Power y Crampton:

> Lo que también permanece es una conexión con el *mundo geopolítico*. Los años 1940 vieron una serie de luchas geopolíticas, cambios ideológicos importantes y transiciones de los Estados Unidos reinventándose a ellos mismos como un defensor bienintencionado de la "libertad" y la "democracia". Las películas de Hollywood ofrecieron a sus audiencias un entendimiento de la política internacional y del rol del país en esta arena y trajo esta causa a los propios Estados Unidos, preocupándose de las amenazas y los peligros al interior y planteándolos localmente (2005, p. 195).

Si los dos casos recién mencionados hablan de la reinvención de los héroes, los años de la GWOT también fueron testigos de la reinvención de las tramas de la Guerra Fría. Acá se vuelven a mencionar los casos de la serie de televisión *24* y las películas del ex agente Bourne para puntualizar esta evidencia. Ambas franquicias simbolizan el aumento de narraciones de acción pos 9/11 que se dieron a la tarea de hacer resurgir los argumentos de las historias de conspiración y de espionaje de la Guerra Fría, ahora bajo el entramado de las redes globales del terrorismo y el contraterrorismo internacional (Brereton y Culloty, 2012, p. 486).

Aparte del fenómeno de reinvención de los héroes y las narraciones, las fuentes estudiadas ilustran la presencia de dos derivaciones adicionales: la reivindicación y la degradación. Con respecto a la reivindicación, la película *Rambo* de 2008 se constituye como un documento idóneo. Al igual que en *Rambo: First Blood Part II* (1985), el escenario de guerra es de nuevo Vietnam (en la versión reciente, "Burma" se expresa como un evidente reemplazo de este país). Allí, la nueva entrega de la saga se esfuerza por adornar la situación pasada también como la de una "buena guerra", con lo cual las audiencias actuales se dan cuenta que aquella fue una oportunidad inmejorable para acabar finalmente con la amenaza comunista (Boggs y Pollard, 2008, p. 569). La Película *We Were Soldiers* mencionada arriba es otro ejemplo de esta representación.

Por el lado de la degradación brotan narraciones menos políticamente correctas que cuestionan con seriedad el papel de los Estados Unidos en la Guerra Fría. Lejos de evocar ese momento como uno de gloria o de una hegemonía bienintencionada, la degradación habla de la progresiva perversión de la conducta americana a medida que transcurren una a una las guerras externas y las tensiones internas. La mejor muestra de este punto lo encarna el personaje The Comedian de las historietas cómicas de los 80 *Watchmen*, que inspirarían la película con el mismo nombre estrenada en 2009. Tanto en la novela gráfica como en el filme, The Comedian era un enmascarado justiciero que hizo parte de dos grupos paramilitares al servicio de la causa estadounidense: The Minutemen y los Crimebusters. Lo que hace notable a este personaje de ficción es su presencia en varios de los principales sucesos de la Guerra Fría, como el asesinato de Kennedy, la guerra de Vietnam, el escándalo de Watergate y la crisis de los rehenes en Irán.

A través de estos acontecimientos, The Comedian encarna cada vez con mayor fidelidad la degradación interna y externa de la nación americana. Esto por cuanto él termina trabajando para el Gobierno federal a la vez que pone de manifiesto los peores atributos de su personalidad: autor de crímenes de guerra (asesina a sangre fría a una mujer vietnamita a la que supuestamente embarazó), violaciones sexuales (a su compañera en The Minutemen, Sally Jupiter) y abusos contra la población civil (represión violenta a los manifestantes en propio suelo estadounidense). Sin embargo, después de su misterioso asesinato, él es enterrado con honores.

El mensaje implícito en la vida de The Comedian plasma la puesta en escena del creciente cinismo de la nación estadounidense en la lucha por la supremacía. Es la transformación de un héroe y una nación que, embriagada de poder, se sumerge entre la vanidad y la gloria.

En síntesis, reinvención de héroes y narrativas, reivindicación y degradación de los hechos de la Guerra Fría y, en menor proporción, de la Segunda Guerra Mundial se erigen como versiones del discurso geopolítico popular del pos 11 de septiembre. Discurso este que crea regímenes de verdad sobre la "democracia" y la "libertad", pero que también deja la puerta entreabierta para el disenso.

Conclusión

Tomando en cuenta la idea principal de este capítulo, puede afirmarse que el *MIME complex* que se instituyó a partir de 2001 simbolizó más un reencauche que una renovación del discurso geopolítico popular de los años anteriores, específicamente de la Guerra Fría. La autopercepción de los Estados Unidos mediante héroes que reivindican lo imperialista y lo masculino y que solo ven en la alteridad una amenaza en múltiples niveles, la translocación de un nuevo discurso militarista a los civiles y a las ciudades y la reinvención de héroes y narrativas de la Guerra Fría son tres dimensiones palpables que evidencian que el discurso geopolítico popular estadounidense muy poco ha cambiado.

Sin embargo, esta aseveración debe ser matizada, por cuanto la geopolítica popular estadounidense también ha abierto campo al disenso y a la crítica de este discurso. De cualquier forma, este aspecto sigue denotando continuidad antes que ruptura en el talante de la industria audiovisual estadounidense, que por un lado es doctrinaria y por el otro invita a la reflexión. No queda entonces más que preguntarse: ¿cómo puede construirse desde abajo un discurso geopolítico popular contra-hegemónico?

Referencias

Agnew, J. (2005). *Geopolítica: una re-visión de la política mundial.* Madrid: Trama.

Agnew, J. y Corbrigde, S. (1995). *Mastering Space: hegemony, territory and international political economy.* London and New York: Routledge.

Beck, B. (2009). "Something for the Boys: Iron Man, Transformers, and Grand Theft Auto IV". *Multicultural Perspectives,* Vol. 1, No. 11, 27-30.

Boggs, C. y Pollard, T. (2006). "Hollywood and the Spectacle of Terrorism". *New Political Science,* Vol. 3, No. 28, 335-351.

_________ (2008). "The Imperial Warrior in Hollywood: Rambo and Beyond". *New Political Science.* Vol. 4, No. 30, 565-578.

Brereton, P. y Culloty, E. (2012). "Post-9/11 counterterrorism in popular culture: the spectacle and reception of The Bourne Ultimatum and 24". *Critical Studies on Terrorism,* 5:3, 483-497.

Buzan, B. y Hansen, L. (2009). *The Evolution of International Security Studies.* Cambridge University Press.

Carruthers, S. (2003). "Bringing it all back home: Hollywood returns to war", *Small Wars & Insurgencies.* Vol. 1, No. 14, 167-182.

Cox, R. W. y Sinclair, T. J. (1996). *Approaches to World Order.* Cambridge: Cambridge University Press.

Davies, J. (2005). "Diversity. America. Leadership. Good over Evil. Hollywood Multiculturalism and American Imperialism in Independence Day and Three Kings". *Patterns of Prejudice,* Vol. 4, No. 39, 397-415.

Dittmer, J. (2005). "Captain America's Empire: Reflections on Identity, Popular Culture, and Post-9/11 Geopolitics". *Annals of the Association of American Geographers.* Vol. 3, No. 95, pp. 626-643.

Dittmer, J. (2010). *Popular Culture, Geopolitics and Identity.* Lanham, Rowman & Littlefield Publishers Inc.

_________ y Dodds, K. (2008). "Popular Geopolitics Past and Future: Fandom, Identities and Audiences", *Geopolitics.* Vol 3, No. 13, 437-457.

Dittmer, J. (2013). "The Geopolitical Audience: Watching Quantum of Solace (2008) in London". *Popular Communication: The International Journal of Media and Culture*. Vol. 1, No. 11, 76-91.

Dodds, K. (2005). *Global Geopolitics: A Critical Introduction.* Pearson Prentice Hall.

________ (2006). "Popular Geopolitics and Audience Dispositions: James Bond and the Internet Movie Database (IMDb)". *Transactions of the Institute of British Geographers, New Series,* Vol. 31, No. 2, pp. 116-130.

________ (2008). "Screening Terror: Hollywood, the United States and the Construction of Danger". *Critical Studies on Terrorism*, Vol. 1, No. 2, 227-243.

________ (2010). "Jason Bourne: Gender, Geopolitics, and Contemporary Representations of National Security", *Journal of Popular Film and Television*, 38:1, pp. 21-33.

Downing, J. D. H. (2013). "'Geopolitics' and 'the Popular': An Exploration, Popular Communication". *The International Journal of Media and Culture*, Vol. 1, No. 11, 7-16.

Flint, C. (2006). *Introduction to geopolitics*. Londres y New York: Routledge.

Grondin, D. (2011). "The Other Spaces of War: War beyond the Battlefield in the War on Terror". *Geopolitics*. Vol. 2, No. 16, 253-279.

Löfflmann, G. (2013). "Hollywood, the Pentagon, and the cinematic production of national security". *Critical Studies on Security*. Vol. 1, No. 3, pp. 280-294.

Ó Tuathail, G. (1999). "Understanding critical geopolitics: Geopolitics and risk society", *Journal of Strategic Studies*, 22:2-3, 107-124.

________ (2005). "The Frustrations of Geopolitics and the Pleasures of War: Behind Enemy Lines and American Geopolitical Culture". *Geopolitics*, 10:2, 356-377.

________; Dalby, S. y Routledge, P. (eds.). (2006). *The geopolitics reader.* London: Routledge.

Philpott, S. (2010). "Is anyone watching? War, cinema and bearing witness". *Cambridge Review of International Affairs*, Vol. 2, No. 23, 325-348.

Power, M. y Crampton, A. (2005). "Reel Geopolitics: Cinemato-graphing Political Space", *Geopolitics*, Vol. 2, No. 10, 193-203.

Saunders, R. A. (2012). "Undead Spaces: Fear, Globalisation, and the Popular Geopolitics of Zombiism". *Geopolitics*. Vol. 1, No. 17, 80-104.

Salter, M. B. (2011). "The Geographical Imaginations of Video Games: Diplomacy, Civilization, America's Army and Grand Theft Auto IV". *Geopolitics*. Vol. 2, No. 16, 359-388.

Schulzke, M. (2013). "The Virtual War on Terror: Counterterrorism Narratives in Video Games". *New Political Science*. 35:4, 586-603.

Weber, C. (2005). "Securitising the Unconscious: The Bush Doctrine of Preemption and Minority Report". *Geopolitics*, 10:3, pp. 482-499.

Wendt, A. (1999). *Social Theory of International Politics*, Cambridge University Press.

Capítulos de libro

Dalby, S. (2008). Critical Geopolitics: discourse, difference and dissent. En: John Agnew y V. Mamadouh (eds.), *Politics: Critical Essays in Human Geography*. Hampshire: Ashgate, pp. 43-65.

Dunne, T. y Stansfield, G. (2008). "Realist and Reflectivist Perspectives on International Relations and the U.S. 'War on Terror'". En John Owens y John Dumbrell (eds.). *America's "War on Terrorism"*. Lexington Books.

Gray, C. (2002). "World Politics as Usual after September 11: Realism Vindicated". En Ken Booth y Tim Dunne (eds.). *Worlds in Collision*. Palgrave, pp. 226-234.

Keohane, R. O. (2002). "The Public Delegitimation of Terrorism and Coalitional Politics". En Ken Booth y Tim Dunne (eds.), *Worlds in Collision*. Palgrave, pp. 141-151.

Ó Tuathail, G. y Agnew, J. (2008). "Geopolitics and Discourse: Practical Geopolitical Reasoing in American Foreign Policy". En John Agnew y V. Mamadouh (eds.), *Politics: Critical Essays in Human Geography*. Hampshire: Ashgate, pp. 219-233.

La Hélade entre el ayer y el hoy

Georgia Kaltsidou*

La Hélade brilla aún de la emoción que suscitan las ruinas de sus mármoles que se elevan hasta los dioses; el cuerpo de un atleta nos recibe todavía erguido y orgulloso a las puertas de un museo, y los héroes de Homero nos siguen invitando a reunirnos con ellos en las aulas educativas para tratar de comprender su asombroso destino.

Los dioses de la Hélade nos conmueven todos los días, porque las obras literarias los evocan con esplendor, mostrándolos siempre inseparables del hombre. Ellos condenan pero el hombre no queda disminuido; él conserva su dignidad y su lugar. "Hay muchas cosas maravillosas, pero ninguna tan maravillosa como el hombre" (Sófocles, 1981, v. 335), dijo Sófocles en su *Antigona*, y en Menandro leemos también "!*Ως χαρίεν εστ᾽ ἀνθρωπος όταν άνθρωπος ή*!" ("!Qué hermoso es el hombre cuando es hombre!") (Menandro, 1999, fr. 850).

Los mitos griegos sobre el universo, así como la visión trágica del mundo, solo fueron conocidos y tomaron su valor unidos a ese interés por comprender al hombre que, desde el principio, caracteriza al espíritu griego. Se convierten en un medio de expresión destinado a extenderse a todos aquellos que quisieran hablar del hombre. El arte griego también se centró en el hombre, y la literatura fue su hermana gemela. Todas las obras de la civilización griega en la antigüedad se distinguían por un esfuerzo hacia lo humano y lo universal.

¿Pero qué es lo que pudo haber en Grecia desde el principio hasta el final, que le asegurara a la civilización griega esa proyección sin igual? Ante todo que

* Durante dos décadas profesora de Lengua y Cultura Griegas en el Instituto Caro y Cuervo. Por largo período profesora de alemán en el Goethe Institut. Desde el año 2009 nombrada "Embajadora del Helenismo". Actualmente traductora literaria independiente. Poeta, ensayista y novelista.

los griegos "quisieron dar cuenta de la vida humana en términos de razón y que instauraron la civilización del logos" (De Romilly, 1977, p. 14). Isócrates reconoce que los hombres son, en muchos aspectos, inferiores a los animales, sin embargo manejan la palabra:

> En nada nos diferenciamos del resto de los seres vivos, sino que incluso somos inferiores a ellos en rapidez, fuerza y en otras facultades. Pero como nos es innato el convencernos unos a otros, y el demostrarnos aquello sobre lo que deliberamos, no solo nos apartamos de la vida salvaje, sino que, tras reunimos, habitamos ciudades, establecimos leyes y descubrimos artes; en casi todo lo que hemos inventado es la palabra la que nos ayudó a establecerl (Isócrates, 1980, pp. 254-255).

Muchas deidades griegas son palabras abstractas y nociones divinizadas, para dar vida a las virtudes o a los vicios, como Áti (άτη,-rabia) o Apáti (απάτη,-engaño), pero también lo son todos esos hijos de la Noche que evoca Hesíodo, como el Sarcasmo y el doloroso Lamento, el Olvido, el Hambre, los Dolores que hacen llorar, las Batallas, Luchas, Riñas, Falsedades y Mala Ley.

La Hélade con su politeísmo no tiene sacerdotes, y tampoco tiembla ante ellos. Los hombres no viven en el temor, ni tampoco en la sumisión. "Existe una especie de cambio de atmósfera radical cuando pasamos de Grecia a otras civilizaciones. No hay nada equivalente en Grecia, a esas representaciones egipcias que muestran al Faraón, el hombre-Dios, despreciando a los pueblos sometidos. Nada equivalente al fastuoso triunfo de Persépolis, donde todo está edificado a la gloria de un hombre. Nada equivalente tampoco a esas sutiles jerarquías de letrados que antaño conoció China" (De Romilly, 1977, p. 88). En Grecia todo ocurre en el plano humano, donde el humano puede saber de los dioses e incluso elevarse hasta ellos, ya que los hombres siempre han querido llegar hasta la morada de los dioses, sentarse a su mesa y hablar con ellos. Vivir con los dioses de Grecia es colaborar con ellos. No es un camino hacia ellos, sino un caminar con ellos.

La Hélade no es ni menos rica espiritualmente ni menos compleja que las actuales sociedades. Es distinta. En la mitología griega no hay profetas ni mesías. No hay dogmas, ni clero. Los mitos no rezan. Los mitos no conocen un libro sagrado donde se encuentra la verdad depositada de una vez para siempre. Tampoco hay credos que imponen a los fieles un conjunto de creencias sobre el más allá. Los hombres se relacionan con los dioses libremente, no sienten miedo de ellos. Claro que hubo poetas que se burlaban de los dioses, pero no por ello los devoraron los desastres.

En la Hélade no hay ciudad sin dioses. Los dioses requieren ciudades que los adopten y los hagan suyos. Es decir, los humanos se vuelven ciudadanos para ser completamente dioses. Si los hombres no fueran de algún modo dioses, no serían tampoco hombres. De ahí la hermosa frase de Heráclito "los dioses son hombres inmortales y los hombres dioses mortales, viviendo la muerte de aquellos, muriendo la vida de aquellos", "ἀθάνατοι θνητοί, θνητοὶ ἀθάνατοι, ζῶντες τὸν ἐκείνων θάνατον, τὸν δὲ ἐκείνων βίον τεθνεῶτες" (Diels, 1906, fr. 62).

Los mitos sobre los dioses de la Hélade son una realidad y hay que contar con ella no solo como imagen del pasado, sino también como técnica del hombre moderno para renovarse y percibir lo eterno; hay que relacionarlo de nuevo con la eternidad, para volverlo inmortal y salvarlo del olvido. Es cierto que los pueblos que han olvidado sus mitos están condenados a escribir historia; de ahí que la función del mito es deslastrar el lenguaje del peso de la historia.

Siendo real y sagrado, el mito se vuelve ejemplar y en consecuencia repetible, por cuanto sirve de modelo y, simultáneamente, de justificación para todos los actos humanos. En otros términos, un mito es verdad que sirve de modelo al comportamiento de los humanos. Imitando los actos ejemplares de un dios o de un héroe mítico, el hombre de la sociedad helénica alcanza el tiempo sagrado.

Lo cierto es que las verdades del mito griego habitan en las profundidades. Esto significa que nosotros hoy nos estamos moviendo solo en la superficie. Los malestares y las crisis de las sociedades modernas se explican justamente por la ausencia de un propio mito.

El hombre que penetra en el mito sabe de la esencia y del acontecer, del ser y del sentido. Los mitos de la Hélade dicen cómo debe comportarse el hombre y cómo debe obrar para que la existencia permanezca en orden. Lo expresa no mediante pensamientos ni prescripciones, sino por medio de figuras y sucesos que son la esencia misma del proceso de la vida.

Los mitos griegos no son alegoría de la realidad, sino la realidad misma; narran la existencia del universo, de la naturaleza, donde la realidad de la humanidad aparece subordinada a la *physis*, y el individuo no figura como personalidad, sino como miembro de todo. Aquellos poetas en quienes se ve la más intensa, la más necesaria presencia del ser y de la verdad, son los que más cerca están del mito. La verdadera poesía no es solo obra humana, en su interior también actúa el espíritu divino que posibilita esa unificación del espíritu y la materia que solo se puede pensar como absoluto. Incluso la mayoría de los grandes pensadores, temiendo quizás el fracaso del lenguaje directo en la expresión de lo que tienen en la vista, piden a los poetas su instrumental metafórico, porque el lenguaje directo es, en efecto, demasiado rígido y se agota en su función significativa. La alegoría, en cambio, nos transporta al mundo que describe, obligándonos a vivir en él y a convivir las experiencias que allí se representan.

Edipo, Narciso, Orestes, Kronos que devora a sus hijos, Prometeo que roba el fuego, el minotauro que mora en nuestros laberintos, los pilotos que se precipitan a tierra desde el cielo como Ícaro, el exasperado dolor de las mujeres que continúa expresándose con la voz de Medea, las mujeres troyanas que expresan nuestros lamentos sobre la guerra, son las configuraciones presentes en el consciente y en el subconsciente del género humano y del individuo hasta hoy.

En la teoría psicoanalítica del mito que nos ofrece Freud, las creaciones míticas dan a los códigos culturales y simbólicos de Occidente su fundamento dinámico, y no son sino variación y disfraz de un mismo tema psicológico, la sexualidad. No obstante el mito de Edipo atiende a una mayor perspectiva; el tal complejo de Edipo, no es de Edipo, sino de Freud, de origen judío, cultura que difiere totalmente del pensamiento helénico.

El animal que gatea a cuatro patas al principio, que luego anda erguido, y finalmente recurre al bastón como tercer pie no es el acierto del enigma propuesto por la esfinge a Edipo, sino la revelación del misterio de la naturaleza humana. El hombre será siempre el eterno enigma para el hombre, en el misterio de su infancia, en las necesidades de su madurez y en la resignada aceptación de su vejez.

Si penetramos en el mito griego, nos damos cuenta que Kronos es el padre de esa Hélade presocrática que camina sobre los cuatro elementos: tierra, agua, aire y fuego, es el padre de esa sociedad mítica con saberes redondos, y porvenires predecibles. La Hélade de Atenas, de la Ciudad Estado, en cambio, escenario donde desarrolla Sófocles su tragedia de *Edipo Rey*, es la que instaura la incertidumbre amurallando la verdad y empieza a caminar sobre la razón, madurez que termina generando la necesidad de la historia. La Esfinge no hace promesas a Edipo, es la ciudad que regala a Edipo su destino. Pero la historia no es un bastón de viejo, ni un bastón de cojo, sino un bastón de ciego, donde ciego no es el que no mira, sino el que no oye. El que se hace sordo a los saberes que ruedan como monedas en la tradición de los pueblos y que son la esencia de los mitos.

En cada mito de la Hélade se siente un profundo amor por la vida. Nunca admite el mito griego la posibilidad de la muerte. Todo se transforma en todo. El sentimiento de la unidad indestructible de la vida es tan fuerte que repugna y niega constante el hecho de la muerte. Los dioses del Olimpo, los semidioses y héroes de la Hélade desconocen las imperfecciones que señalan a los mortales con la debilidad, fatiga, enfermedad y muerte. Con la belleza y el vigor de sus cuerpos, con su increíble destreza y habilidad, su fuerza indomable, su resistencia y tenacidad, dan al cuerpo salud, fortaleza, perfección e inmortalidad.

De ahí que la Hélade es el sol que nunca envejece, que nunca se agota, que nunca se desgasta para llegar a morir. La luz, el sol y, por consiguiente, el calor que emana son sinónimo de la vida. Para Homero vivir y mirar la luz del sol son sinónimos. Precisamente por ser la cultura helénica una cultura solar, rinde culto a la vida, mientras que la cultura judeocristiana rinde culto a la muerte (la imagen de Cristo crucificado, lleno de dolor en su cara demacrada).

El mundo actual desconoce que el nombre propio de *Hellás-Hélade* etimológicamente significa la *tierra de la piedra y del sol*. El vocablo *Hellas* contiene las letras *el*, combinación que aparece en vocablos muy importantes para la cosmovisión griega: *Delfos*, por ejemplo, el oráculo dedicado a *Apolo-Phevos,* se remonta etimológicamente al sustantivo *fos*, que significa luz; de ahí Apolo, el representante de la luz; también el término *eleftheria* contiene los mismos fonemas, y significa libertad; en castellano se conoce el nombre propio de *Eleuterio*.

Tanto Hermes como las Musas y Orfeo se consideran personajes míticos y se interpretan como tales, pero no por eso dejan de ser personajes reales, seres a los que vemos vivir. Ellos no se encuentran fuera del tiempo, sino que están ligados al tiempo histórico. Nadie puede negar su existencia histórica, o la historicidad de los héroes, ya que el mito no es una ficción, como lo consideran nuestros tiempos.

¿Cómo podemos ser tan superficiales interpretando al mito como algo fantástico e irreal? ¿Acaso interpretaríamos de la misma manera la teología, la cual sorprendentemente logró entronarse en cada universidad, al lado de las ciencias, cuyo objetivo principal aparentemente es investigar lo tangible? ¿Por qué no es considerada también la teología una ficción? ¿Quién ha visto con los ojos físicos a Dios y ha conversado en público con él?

Si Homero no existió, y si no pudo haber sido el autor de la Ilíada, por muy anciano y ciego, ¿cómo se explicaría entonces el descubrimiento de Troya?, ¿cómo una mentira?

Hoy día se desvirtuó totalmente el vocablo *mitómano* al tildar de mitómano al hombre que miente en forma enfermiza, o a quien esté lejos de la verdad y fuera del mundo que le rodea; pues estamos bien lejos de su significado original: *mitómano* debería ser precisamente aquel que busca con efervescencia, decir la verdad, ya que μυθέω-*mithéo* como verbo, significa decir, y el verbo compuesto *alithomithéo*-αληθομυθέω, por ejemplo, decir la verdad.

Etimológicamente el *mito*-μύθος significa "la matriz que contiene las manifestaciones de la suprema divinidad". De ahí la frase de Tales "todas las cosas están llenas de dioses", *pánta plíri theón*. En la *mania*-μανία, sustantivo femenino que compone el término mitómano, más allá de la locura, como ha sido interpretado por los especialistas, estaba el origen del amor. Esa mania de Platón era *thía ménti dósi didoménis*-θεία μέντοι δόσει διδομένης, es decir, inspiración divina.

¿Cómo se debería entender el hecho de que el hombre moderno acepta y está ansioso de ir, si no todos los días, por lo menos los domingos, a la misa, para conversar en público o en silencio con el dios judeocristiano, y cuando se le habla de Zeus y Apolo, como los dioses que han determinado la cultura y el alfabeto griego, y de Hermes, Orfeo y las Musas, como inventores de las letras griegas, duda sobre los aportes que hayan podido hacer, porque los considera figuras fantásticas que existieron solo en la mente creativa (o enferma) del pueblo griego?

En nuestra opinión, el conocimiento científico, para poder completarse, debe disuadirse y arrojarse al canasto de la basura –por lo menos una parte–, pues ayer era considerado como verdadero pero que hoy se comprobó falso, y los mismos científicos están obligados a revaluar y renunciar a sus propias conclusiones, cuando ya se muestra que sus "verdades" son verdades a medias. La ciencia humana, como dijo el maestro Sócrates, consiste más en destruir que en descubrir verdades.

¿Cómo se debería explicar nuestra emoción, al sentirnos embelesados y desconcertados por el impacto que produce en nosotros Hesíodo, quien según ciertas mentes brillantes de nuestra era tampoco existió? ¿Será porque somos por naturaleza mitómanos y por eso nos encantan las mentiras? ¿O porque nos gusta engañar por el hecho de ser permanentemente engañados?

Seguramente nos sentimos embelesados por Homero y Tucídides, veinticinco siglos después, por ser sus obras:

> Cargadas de sentido, altivas, sutiles [...]. Todos ellos no estaban lejos, fuera del tiempo, como únicos testigos de una civilización perdida: pertenecían, por el contrario, a los siglos más densos y mejor jalonados de la historia de la humanidad. [...] Guardando las distancias, encontramos en Homero esa densidad intemporal que nos lleva hacia Tucídides. Ambos escritores no podían ser más diferentes. Un poeta y un historiador de una enorme sabiduría,

> todo un mundo concreto, y un estilo lleno de abstracciones, un autor en el que todo resplandecía, y el otro que no se dejaba nunca engañar: eran, en muchos aspectos, antitéticos. Sin embargo, se desprendían verdades intemporales tanto de uno como de otro; el primero subsistió hasta nuestros días destinado a dar trabajo a los poetas, y el otro, sobrevivió en forma de pensamientos aplicables a la reflexión política de todos los tiempos" (De Romilly, 1977, pp. 7, 9).

¿Cómo podemos explicar que esas obras griegas de hace veinte y treinta siglos nos transmiten con tanta fuerza esa impresión de seguir siendo actuales y de haber sido hechas para todas las épocas? Los libros de la Hélade, en vez de perecer o perder su vigencia durante la vida de los hombres que los crearon, perduran todavía y pueden producir aún pensamientos elevados y emociones intensas.

La Hélade nunca impuso su lengua; si hubiera sido así, el mundo entero hubiera hablado griego. Sin embargo las obras griegas, el pensamiento griego y hasta las palabras griegas, han ejercido una gran influencia en casi todas las épocas y en muchos países.

En Roma, sin embargo, las personas cultas hablaban entre sí en griego, algo que indignaba al poeta Juvenaly, del siglo I, quien "no soportaba más a esta ciudad griega", haciendo alusión a Roma. El mismo poeta en otro poema suyo escribió que las mujeres romanas se creían superiores al imitar a las mujeres atenienses; por eso hablaban solo en griego, y eso era para los propios romanos vergonzoso.

Es cierto que los romanos, con la influencia de la oración griega, aprendieron a dominar su lengua para poder expresar pensamientos complejos:

> [...] El teatro romano por ejemplo fue a menudo una simple traducción de las obras griegas, a veces contaminadas o adaptadas, pero extraídas del griego. La epopeya romana, con Virgilio, enlaza con Ilíada e imita largos pasajes de ésta. En Cicerón encontramos unas veces a Platón, otras a Isócrates. Ovidio nos recuerda a los poetas alejandrinos, y la lista se podía alargar hasta el infinito. Si estos autores modificaron los géneros que heredaron, si adornaron a su manera la retórica o la filosofía, si tuvieron nuevos valores y nuevos intereses, fue a partir de aquellos modelos griegos, alimentándose de ellos y retomándolos, del mismo modo que retomaron los héroes que Grecia había ensalzado (Barceló, 2004-2005, p. 346).

Horacio, con razón, dijo "Graecia capta ferum victorem cepit et artes intulit agresti Latio" ("La Grecia conquistada, conquistó a su feroz vencedor, e introdujo las artes en el rústico Lacio"), entre los rudos romanos.

¿Por qué en los países de Occidente, se recurre siempre al griego para nombrar todas las invenciones y todos los descubrimientos modernos —de la *eutanasia* a los cambios *atmosféricos*— sin hablar de las grandes operaciones llamadas Apolo o Tánatos?

Las palabras griegas aún conservan su fuerza y claridad: el eros, que no es ni la *philía*, ni el *agápe*; *bios* que significa vida (finita, de ahí *biografía*) pero que no es sinónimo de *zoé* (vida infinita, de ahí *Zoología*: tratado de todo ser vivo). Con frecuencia, estos usos suponen la proyección de los símbolos, incluso desviados de su sentido o alejados de su origen: el minotauro, o la maratón, no sobrevivirían si muchas generaciones no hubieran oído hablar de esas imágenes; y estos usos están ligados al desarrollo de la vida internacional: los símbolos griegos son de todos, y, como en muchos otros terrenos, la Hélade proporciona un lenguaje universal.

Precisamente el hecho de utilizar actualmente el hombre palabras griegas y los símbolos de la Hélade dio lugar para que estos fueran tergiversados en aras de provocar conflictos serios entre las naciones. Es indignante que el símbolo de los Juegos Olímpicos de Londres 2012, entre números y letras abstractas, fuera "Zion 2012", y detrás de las mascotas de los mismos Juegos estuviera camuflado Baphomet, el encargado en el purgatorio de los siete infiernos, donde Olimpia, el recinto sagrado que vio nacer a los Juegos Olímpicos, y el monte Olimpo, la morada de los dioses de la Hélade, significan precisamente "el lugar luminoso" y "el monte luminoso".

Y es igual de indignante que la revista alemana *Focus* en febrero de 2010 publicara el título: "Betrüger in der Euro-Familie", "Embaucadores en la Familia Europea" poniendo a la diosa Afrodita a "enseñar el dedo vulgar", indicando con eso la expresión "jódete" o "vete al carajo". Y como esa imagen fuera poco, los redactores "cultos" de dicha revista, se valieron de otro mito griego, el de "Zeus en forma de toro y en su lomo sentada la hermosa doncella Europa" titulando el artículo como: "Frühe Täuschung. In der Mythologie verführt der griechische Gott Zeus in Gestalt eines Stiers die ahnungslose Europa", "Engaño temprano. En la mitología, Zeus, el dios griego, en forma de un toro, sedujo la insospechada Europa", ridiculizando desde la carátula hasta el final símbolos de la Hélade (*Focus Magazin*, 2010, p. 126).

En una sociedad global, lo propio de cada cultura tiende a desaparecer, sus símbolos se satanizan, la creación disminuye y se atrofia debido a la programación establecida y a las normas impuestas por el efecto demoledor de estas sociedades gobernantes que están para invadir los cerebros humanos, incautarlos en su capacidad de pensar, y hacerlos parte de masas enceguecidas, teniéndolos presos de una esperanza ilusa. La Hélade sin embargo tuvo un solo pacto: con el amor a la Belleza y a la virtud-*aretí*. Ese pacto con lo bello, y con el amor por la vida, es lo que nosotros necesitamos recuperar en nuestros tiempos.

El vocablo *ánthropos-άνϑρωπος*: hombre, etimológicamente tiene que ver con el adverbio á*no-άνω*: arriba, y el verbo *thrósko*-θρώσκω: mirar, es decir, quien mira hacia arriba (hacia la luz) y no hacia abajo, como hoy día, indicando su condición de subyugado. La Hélade es precisamente aquella tierra que luchó por liberar al planeta de los Titanes, y es Zeus, o Zin (el Vivir), quién los encerró en el Tártaro.

Hoy la esencia humana está en vía de extinción. Dios también ha desaparecido. Ha tenido que abandonar los cielos por miedo a que el humano resucitara a Frankenstein para perturbar la serenidad del cielo con la imagen del alma que creó. El hombre ha construido su destino frente a sus propios demonios, que ha desencadenado, y no sabe cómo dominarlos.

El cuerpo hoy se valora en la medida del corazón que entraña. Inseminación artificial, clonación, manipulaciones genéticas. El cuerpo humano dejó de ser un templo. La divinidad que alberga parece inaccesible. La política tecnicista, en su doble faceta —el culto al éxito con sus absurdos, y el culto tecnocrático—, ha desacreditado al ser humano y su cuerpo. El *homo economicus* entra a ser un producto de máquina, un cajón de datos, un simple portador de información. "Sabe pero no es sabio". Es una "programación virtual" que vive en muchas realidades simultáneas, con solo apretar un botón, sin estar en ninguna, sin ser dueño de ninguna.

Y el maravilloso computador, el cerebro humano, empezó a atrofiarse por falta de un uso supremo en sus dos hemisferios alternados. El hombre quedó encadenado a la máquina, a la tecnotrónica con la cibernética, la psicotrónica y la manipulación siniestra de su cerebro, con el fin de convertirlo en una pieza despreciable, incautando su dignidad, para llevarlo a las esferas de mayor denigración y alienación.

Su cuerpo está reemplazado por el "cibercuerpo" y dentro de poco parirá hombres falsos, sombras distorsionadas de los dioses. Su "ciberpiel" albergará los *chips* subcutáneos conectados a computadores para que todo sea automático, hasta permanente. El hombre hoy es una "máquina" aunque ya no de metal o de plástico, sino biológica, celular, producto de una "inteligencia artificial", sintética, mientras el *anthropos* de la Hélade era la medida de todas las cosas. Hoy, de la educación, se espera formar técnicos. La Hélade también tuvo tecnología y ciencia, pero nunca dejó atrás al hombre. El hombre iba al mismo paso con ella. Hoy la tecnología corre y el hombre queda atrás.

En el mundo actual ha desaparecido cada acto de dignidad y honorabilidad para que nadie pueda sobrevivir sin haberse convertido en inmoral. Los valores dependen del vaivén de convenciones y van de acuerdo a los intereses de las potencias. Lo que es justo y moral ya no lo enseñan los centros educativos sino los políticos que gobiernan. El hombre es libre para hacer solo lo que los poderosos deseen. Defiende un prototipo de libertad enfermizo sin estar siquiera consciente de ello. La libertad que se impulsa a partir de un poder sin justicia, y la justicia aplicada desde un poder sin libertad, tiene una doble sombra, y esta sombra es la que conduce al salvajismo humano. El día en que el hombre obtenga su verdadera libertad y logre establecer la paz sobre el planeta, no va a necesitar más del ejército y de policía, porque guardianes serán todos sus ciudadanos.

Los movimientos entusiastas y la expedición ecuménica por la paz, son apenas tranquilizantes. Los ideales de la paz se encuentran solamente en la relajación y meditación. Hoy la convivencia pacífica de los pueblos está a prueba. En los campos de batallas se enfrentan los intereses económicos de las grandes potencias. La guerra cambió solo de forma, no se erradicó. El mundo está conducido a la paz de la subyugación. Es falso que el hombre deba luchar por la paz, sino por su libertad, porque si tiene libertad, tiene paz. ¿Quién dijo que la paz es asunto de los políticos? Es responsabilidad de todos los ciudadanos del planeta Tierra, y debería ser la garantía para el bienestar de cada hombre y mujer, de cada educador, quien no debe enseñar el yo y el dinero por encima del conocimiento y lo divino, formando apenas almas y cuerpos estériles.

Hoy hemos exiliado a Helena, hemos sacado lo bello de nuestra vida, reflejo de lo verdadero y justo, y hemos divinizado al dinero y la diversión comercial. Como educadores, como juristas y médicos, no podemos seguir enseñando el conocimiento falso e ideas enfermas. No podemos derrocar la verdad para que domine la mentira. Debemos evitar los discursos que decoran las mentiras, y enseñar las cosas justas, entregando siempre lo mejor de nosotros, incorporando en nuestros actos diarios la máxima *αιείν αριστεύειν* (*eín aristévin*), siempre lo excelso.

Los antiguos teóricos de la medicina griega habían observado que la justicia y la armonía contribuían a la salud del hombre, y que la enfermedad era el resultado de la armonía destruida. Consideraban el mundo como una gran sociedad, y la sociedad humana estaba ligada al orden del universo; por eso los actos humanos deberían tener sus raíces en el entendimiento del mundo. Para el griego era una verdad inmutable que el cosmos es Belleza, y una red de fenómenos que se influenciaban mutuamente. Por esta razón la belleza del cosmos como profunda expresión de valor y de la vida que proyectaba, no debería basarse en el aprovechamiento de los demás, sino en el cultivo y respeto de la propia vida. El heleno era consciente de eso y se sentía unido a la naturaleza. Nada estaba separado. Todo era rayos de la misma luz. El hombre tenía dibujado el universo en su cabeza y se encontraba en orden con el *símpan*, con el Todo, *das All*, como dirían los alemanes.

La pseudocivilización industrial hoy, basada en una visión del mundo mecanizada, se apoya en la teoría de que la *physis* es una fuente natural que debe ser explotada con el fin de que el hombre obtenga beneficios. Así la naturaleza constituyó y constituye el medio para las aspiraciones y persecuciones humanas. El dinero detrás del cual está hoy toda la industria, le quitó la máscara a esta y dejó ver quién es en verdad y cuál es el estado de degradación del alma de todos sus representantes.

Se sabe que cada error de la mente se paga muy caro. Cuando el hombre actúa correctamente, las cosas se presentan en *simpagís armonía,* "armonía compacta", dijo Heráclito, y cuando las cosas toman un rumbo incorrecto y se cambian las leyes del mundo, el hombre siente la desarmonía. Pitágoras dijo: *udís dínate diataráksi tin armonía tu símpantos atimorití,* "nadie puede perturbar la armonía del universo sin ser castigado".

Hoy se vive en un caos donde el desorden gobierna no solamente la materia sino también el espíritu. Los valores se han perdido. Todo está en decadencia, el mundo entero rodó a la descomposición moral, a la violencia y la destrucción ecológica. El mundo perdió su relación con los valores griegos y no encontró aún unos nuevos; se desentendió gradualmente de la antigüedad clásica. ¿Qué puede desear un hombre hoy en un mundo que lo odia?

En esta época dominada por la tecnocracia, en esta época de confusión, de la ruidosa cacofonía, de la contaminación de los sonidos y de la moral, el hombre curiosamente se encuentra en un estado de inercia y tranquilidad como si nada estuviera pasando. Como tiene qué comer y beber, ya no le preocupa nada más. Pero él tiene que entender que no solamente del pan vive el hombre. Se sabe que es una táctica astuta, mantener las bocas de los hombres llenas con tal de tenerlos ocupados rumiando. Y con la boca llena ni se puede, y tampoco se debe hablar.

Todas las formas del anti-humanismo que experimenta el hombre moderno demuestran síntomas de una enfermedad incurable. El hombre está doblegado ante la fuerza de tal anticristo que muchos, esperan reconocerlo por sus cachos y cola, pero no ven que lo *anti-* hace rato penetró e infestó todas las esferas de la vida humana. Y aterrorizado el hombre y vulnerable como es, se ofrece para la manipulación siniestra de su conciencia por el enemigo del planeta, olvidando que debe luchar por inmortalizar su alma y espíritu.

El hombre moderno se ha convertido en un desalmado observador del descarrilamiento del mundo que él habita, en espectador de un mundo desahuciado cuya larga agonía es penosa, y requiere tranquilizantes para controlar la angustia de estar a pocos metros de un abismo que llama a su profundidad oscura. Este hombre hoy forjó sus propios errores al formular sus proposiciones erróneas y le es difícil descubrir en qué radica el error. Se dejó atrapar en sus propios modelos de pensar y está más perplejo que ayer, ya que su lógica terminó por ser una barrera más en la oscuridad, que una luz en la búsqueda de soluciones dignas para su vida.

La pérdida de su equilibrio interno, esa carencia de armonía, se manifiesta en su cuerpo en forma de síntoma. El síntoma es señal y portador de información ya que con su aparición se interrumpe el ritmo de la vida. Indica que nosotros, como seres dotados de alma, estamos enfermos, hemos perdido el equilibrio de las fuerzas del alma, que algo falla, y que algo nos hace falta; la enfermedad a la vez ni ha disminuido ni parece que vaya a disminuir; está tan arraigada sin poder ser eliminada con unas cuantas manipulaciones. La curación se consigue incorporando lo que falta y, por lo tanto, no es posible sin una expansión de la conciencia, sin habernos aproximado a la plenitud de la misma.

Para poder derrotar la enfermedad que tiene al hombre abrumado, y poder curarse la sociedad enferma, el hombre debe acercarse a la virtud-*aretí*. Parece un imposible alcanzarla hoy ya que el hombre moderno vive con alma prestada y transita con ideales usados. De sus ideales ha permitido que hicieran solo riquezas contables; divinizó el disfrute material y desdeñó su espíritu y sus valores estéticos y morales. Al hombre de hoy le condujeron a asumir la civilización de la esclavitud y terminó siendo un cerdo circeo alimentado con bellotas, pagando caro por su alimentación transgénica.

En pleno siglo XXI, la medicina está controlada por los seguros públicos o privados, y ellos determinan el precio de cada tratamiento y las terapias que se van a practicar. El dinero es quien controla totalmente hasta la medicina. Hacen que la gente esté enferma, porque las personas sanas no generan ingresos. La estrategia consiste en tener enfermos crónicos que tengan que consumir todo tipo de productos paliativos, para tratar solo los síntomas, pero nunca fármacos que puedan resolver una dolencia. Eso no es rentable, no interesa. La medicina actual está concebida para que la gente permanezca enferma el mayor tiempo posible y compre fármacos, si es posible, toda la vida. Se deja fascinar por los síntomas y descuida al individuo que está totalmente enfermo. El llamado sistema de salud es un sistema de enfermedad. Se practica una medicina de la enfermedad y no de la salud. Una medicina que solo reconoce la existencia del cuerpo físico y no tiene en cuenta ni el espíritu, ni la mente, ni las emociones.

Como si eso fuera poco, las grandes industrias culturales de las metrópolis internacionales protegidas por el propio Estado, ponen además a proveedores especializados a ofrecer sus servicios de violencia, acomodados a las necesidades de la sociedad programada. ¿Pero quién dijo que el hombre está para que unos perversos ensayen sus armas en él?

Los griegos nunca cesaron de alzarse contra la violencia. Detestaron la guerra, *pólemos*, la arbitrariedad y el desorden. Grecia tuvo guerras, y largas, pero en aras de defender la patria, no para conquistar tierras y bienes ajenos. "Ahora que miles de guerreros embrazando sus escudos, y miles de remeros empuñando sus remos, por el honor de su patria agraviada están decididos a luchar contra los enemigos y a morir por Grecia [...]" (Eurípides, 1997, vv. 1387-1390). En Homero, la guerra es el lugar del heroísmo, pero también el del sufrimiento y la muerte, ya que la guerra recuerda a la muerte en cada momento. Ella evoca todo lo que se pierde, igual a aquellos que no vuelven a ver la vida. La mujer de Meleagro lamenta las desgracias que padecen los hombres cuya ciudad sucumbe: "*ἄνδρας μεν κτείνουσι, πόλιν δέ τε πυρ αμαθύνει* [...]", "matan a los varones, el fuego destruye la ciudad [...]" (Homero, 1923, v. I 593).

En realidad la condena de la guerra está presente en todos los textos griegos. Está en Heródoto, a quien inspira una frase muy acertada: "Pues nadie es tan estúpido que prefiera la guerra a la paz, que, en esta, los hijos sepultan a los padres, mientras que, en aquella, son los padres quienes sepultan a los hijos" (Heródoto, 1977, libro I, 87, 4). Está en Esquilo, con sus grandes coros de dolor, y la imagen que expresa, a propósito de la guerra de Troya. La guerra es *ptolíporthos* ("devastador de ciudades"), y "Ares, el dios que cambia por oro cadáveres, el que en el combate con armas mantiene en el fiel la balanza, manda desde Ilión a los deudos de los combatientes, en lugar de hombres, un penoso polvo incinerado, llenando y llenando calderos con la ceniza bien preparada" (Esquilo, 1986, *Agamenón*, vv. 439-443).

Eurípides, en *Las suplicantes*, dice "[...] arruinaste tu ciudad. Te dejaste arrastrar por unos muchachos que se complacen con la honra y atizan la guerra contra justicia. Destruyen a los ciudadanos, uno con tal de mandar un ejército, otro por sentirse superior teniendo poder en sus manos, otro por sacar provecho sin pararse a mirar si el pueblo recibe daño al soportar la guerra [...]" (1985, *Las suplicantes*, vv. 233-239), y más adelante nos hace saber que los hombres en su locura, prefieren "la guerra, rechazando los bienes, y los hombres reducen a otros hombres a la servidumbre, y las ciudades a otras ciudades más débiles" (1985, *Las suplicantes*, vv. 481-485). Algunas obras trágicas están enteramente inspiradas en esta condena de la guerra, como *Andrómaca, Hécuba, Las Troyanas* e incluso *Helena*.

En la *Lisístrata* de Aristófanes leemos también la frase: "Es pues, del dinero la culpa de que estamos en guerra" (1993, *Lisístrata*, vv. 489). En *La asamblea de mujeres*, el consejero duda del derecho que podían tener las mujeres para administrar asuntos públicos sin haber tomado parte en la guerra, y Praxágora (etimológicamente, "la que actúa en el ágora") responde: "Por ser madres deseamos ardientemente preservar a los soldados, además ¿quién les enviaría provisiones antes que la madre que los parió? [...]" (1993, *Asamblea de mujeres*, v. 234).

No se puede negar que las mujeres son las que traen al mundo los hijos y los mandan luego al combate. Aunque ellas no vayan al campo de batalla son, sin embargo, las que aportan los combatientes. Participan en la guerra por ser madres y esposas de los soldados, por eso desean ardientemente preservar la paz y la vida de los soldados. Quien por naturaleza se encarga de dar y mantener la vida, es quien realmente sabe lo que ella cuesta y por lo tanto es quién mejor la protege. Los hombres carecen del instinto maternal y no pueden dar a luz, tal vez por eso deciden matarse tan fácilmente.

Píndaro también nos dice que "Γλυκύ δε πόλεμος απείροισιν, εμπείρων δε τις ταρβεί προσιόντα νιν καρδία περισσώς", "la guerra posee encantos para quien no la conoce; pero cuando se la ha experimentado, el hombre se estremece de horror en su corazón al oír hablar de ella" (Maehler, 1975). Todas las mujeres de Troya recuerdan a las víctimas del otro bando, a todas las mujeres de luto, tanto en Grecia como en Troya. Tras evocar las graves consecuencias de la guerra que derivara del juicio de Paris, el coro añade: "[...] Gime también en torno al Eurotas de hermosa corriente una muchacha laconia muy llorosa en su hogar, y una madre, por sus hijos muertos, se lleva la mano a su cana cabeza y se araña la mejilla, ensangrentándose las uñas con los desgarrones" (Eurípides, 1991, *Hécuba*, vv. 650-657).

¿Quién podría decir hoy tanto en tan pocas palabras y de manera tan concreta? "Siempre brota una idea sobre el hombre, la guerra, la política, los duelos nacidos de la guerra, cada destello de luz hace descubrir una de las causas de esas guerras, o más bien de todas las guerras" (De Romilly, 1977, p. 210).

Como la naturaleza no puede errar por no hacer aseveraciones, es el hombre el único responsable de sus males, porque en definitiva es, lo que él piensa. Ha creado un mundo de vergüenza que tiene graves consecuencias en el conocimiento de los verdaderos valores. La civilización que ha creado abatió todo acto de dignidad, y su educación, basada en fórmulas erróneas, está exterminando los valores. La naturaleza logró durante mucho tiempo cubrir la fealdad humana con sus lugares hermosos, pero ahora lamentablemente se está rindiendo.

Las escenas de violencia dejaron de ser una realidad trágica y son un pasatiempo, por no decir un exaltante proyecto. La tierra parece un lugar de exilio que encierra en sus entrañas solo cadáveres. La tragedia del hombre moderno no se da en ningún escenario teatral sino en su propia vida que falla por la filosofía, o mejor dicho por falta de una filosofía ya que los filósofos de sospecha no quieren hablar más. Sus palabras son perecederas. Antes de ser pronunciadas, ya están desgastadas. ¿Y qué decir? En esa inseguridad del mundo el hombre no necesita más filosofía, sino poner cuidado al pensamiento, no necesita más libros, sino cuidar más a la palabra.

El hombre moderno habita un planeta donde las matanzas y las guerras dejan innumerables cadáveres insepultos y en cuyos refugios subterráneos, cavernas o catacumbas, los vivos esperan su fin. Y son las mismas imágenes: el asesinato de la vida por obra de medidas políticas de los vivos, quienes por débiles, utilizan la guerra para gobernar, y recurren a la muerte para dirimir las diferencias.

La sabiduría del mundo moderno quedó, quién sabe en qué rincón de los cielos escondida. En la tierra, no se ha hecho sentir todavía. La gente ha luchado por conseguir una mejor sociedad y mejores gobiernos, y los políticos, por su parte, han luchado consiguiéndolos por medio del terror, la violencia y la destrucción, expresión de su impotencia. Hay que escribir solo la historia de los pueblos y no de sus gobiernos. La intención de ellos ha sido siempre satisfacer sus propios intereses e ignorar la identidad y la voluntad de los pueblos. Derrotar la injusticia en este mundo es un imposible. Está bien radicada hace mucho tiempo y para que deje de existir, es necesario que reconstruya su infraestructura moral, desraizando la violencia que se volvió cultural. Los escenarios de violencia abundan a diario, porque parece que se están manejando mal las estadísticas. La violencia no hay que trabajarla desde los muertos, sino desde los vivos.

Los signos de una crisis generalizada, se hacen cada día más evidentes. El derrumbamiento de las ideologías sobre las cuales se edificó no solamente la política, sino también la vida espiritual del siglo XX, la presencia de un individualismo neurotizado en las sociedades industrializadas, los tecnócratas especializados, son apenas unos síntomas de esta crisis. Este vacío amenaza al hombre. El mundo está rodando a la cultura del Caos. La tendencia permanente de romper con la tradición, conduce al desespero, al terrorismo y al materialismo enfermizo.

Nuestra época es melancólica y por lo tanto está profundamente desesperada. La atrocidad se convirtió en el emblema de nuestro milenio. El odio deambula entre los pueblos, hoy igual que antes. La guerra yace a nuestro lado y hace parte de nuestra rutina diaria. Por todas partes se ven el sufrimiento y la deshumanización. Son estremecedores los sucesos y los fenómenos sociales de finales del siglo XX, y los propósitos humanísticos del siglo XXI no van a diferir de los anteriores ya que los Nerones y Herodes siguen todavía sentados a sus anchas contando sus triunfos, registrando los resultados de sus hazañas a través del humo negro y las llamas rojas, las casas derrumbadas, los cadáveres y desplazados. No hacen más que observar con una alta dosis de paquidermia emocional el descarrilamiento del hombre, mientras los intereses económicos y militares de los hábiles y fuertes, suben y bajan las personas a su antojo, conduciendo pueblos enteros a la destrucción. Y, lo más irónico, al final se les apremia por luchar dizque por la paz, acumulando en su nombre escombros de vidas humanas y familias desgranadas.

Los conflictos supuestamente resueltos en un sitio, se desplazan a otros lugares, y las alternativas tanto institucionales como privadas para controlar el desbordamiento de la violencia, desembocan en la construcción de nuevos actores armados o en la conformación de escenarios alternativos de conflicto y tensión social, produciendo un cuadro multipolar. La generalización de la violencia refinada es un signo visible y tangible de un proceso de crisis larvada. Antiguas violencias se leen con códigos nuevos, y conflictos recientes se interpretan con viejas gramáticas.

El planeta entero vive una crisis multidimensional, hecha de grandes sombras y pequeñas luces, donde se cruza lo nuevo y lo viejo, la guerra y la política, la violencia y la democracia, la atomización y la recomposición del orden social. Sin embargo la clave de la violencia no es el único elemento de interpretación para leer la crisis; esta ha servido para descubrir actores y fuerzas sociales tradicionalmente excluidos y silenciados, pero con capacidad de acción y de discurso, orientados hacia la búsqueda de un orden social más justo, más democrático, y ha puesto al descubierto los recursos éticos y culturales de los pueblos, el valor de muchos de sus pobladores para afrontar los flagelos de las guerras, las violencias, la pobreza y la exclusión.

La Hélade nunca enseñó al mundo a obedecer al régimen bancario y al negocio sucio de las armas. Sin embargo a la patria de Tucídides ahora "[...] la sentencian sin siquiera en su propia lengua. La obligan a hablar una lengua que nunca quiso hablar [...] y en ese progresivo rebajamiento la golpean y zarandean con problemas que nunca fueron los suyos, la interrogan acerca de ellos y como no responde, la condenan" (Tucídides, citado en Bernal Pieto, 1995, p. 282).

¿Cómo es posible creer que la Hélade, que tanto se preocupó por el hombre, haya incurrido en métodos pedagógicos erróneos y dañinos, y encendido falsas luminarias conduciéndolo a sitios peligrosos? La Hélade, antes que cualquier otro pueblo, las sostuvo durante milenios erguidas con el máximo de su luz, encaminándolo hacia la libertad, la razón, la belleza, la perfección, la justicia, hacia la verdad.

Aunque el alma griega, según sus defensores, sigue latiendo "escondida" en la humanidad, el espíritu griego, que parece estar presente, ya no está. Por más que los amantes de la Hélade creen respirar aún el aire de la Hélade, y aunque haya dicho el poeta argentino Borges, "los ciudadanos del mundo son un poco griegos", hace rato dejaron de serlo. Pero por otro lado es también cierto que, en el mundo, que no es en los tiempos que corren platónico, Platón está en todas partes. "Y los filósofos, incluso los más alejados del platonismo, tienen tendencia a echarle la culpa, como si él encarnara ese sentido del mundo agonizante en el que ya no creen. De Nietzsche a Heidegger, y muchos otros, todos necesitan hablar de él, y escribir sobre él. Otros tomaron sus ideas políticas, las criticaron, las negaron, las interpretaron en todos los sentidos; nuestro mundo moderno, incluso cuando rechaza el platonismo, no cesa de referirse a él con una especie de pasión envidiosa" (De Romilly, 1977, p. 242).

¿Pero en qué momento el mundo se ensañó contra el pensamiento griego? Los adagios "cría cuervos y te sacarán los ojos" y "los pájaros tiran ahora a las escopetas" se están cumpliendo al pie de la letra. Después de haber sido amamantado el mundo entero por la Hélade, y haber aprendido el hombre por ella cómo hacerse inmortal, ahora volvió a escupirla. Pero todo se paga en esta vida. Miremos la decadencia en la cual rodó el ser humano. El afán de quitarse la milenaria túnica griega de encima para ponerse los Levis, o no ponerse nada, llevó al hombre al borde del abismo. Por quitar "el moho de la Hélade" de su piel, quedó el alma totalmente desnuda. Y lo que quedó, es simplemente para llorar. Dizque el "mundo moderno" necesita pensadores modernos. Para qué, si el mundo moderno ya se desplomó, se derrumbó. Creyó que por haberse alejado del pensamiento griego, con esto también lo enterró. "Aunque quebramos sus estatuas, aunque los expulsamos de sus templos, no por eso en absoluto murieron los dioses", dijo el poeta Konstantinos Kavafis en su poema "Jónico" (Castillo Didier, 1983, p. 188).

La Hélade ofreció al mundo la expresión perfecta e ideal de la justicia y libertad, y estas dos grandes ideas trajeron como consecuencia otras. Generaron el respeto a las leyes a propósito de la democracia, así como el civismo y el sentido del valor. "Solamente el país de leyes justas, dijo Grecia, tiene ciudadanos sanos y felices".

Heródoto recoge un diálogo de Jerjes con sus asesores, en el cual le contaban que los helenos no se le someterán nunca porque la Hélade siempre luchó contra la esclavitud de un amo y ella luchará por su libertad, sea cual fuere el número de adversarios. "[...]Αλλ' όμως ελευθερίης γλιχόμενοι αμυνεύμεθα ούτω, όκως αν και δυνώμεθα. Ομολογήσαι δε τω βαρβάρω μήτε σύ ημέας πειρώ αναπείθειν ούτε ημείς πεισόμεθα", "[...] Nosotros fuertemente apegados a la libertad, nos defenderemos de la mejor manera que podamos. Y en cuanto a lo de llegar a un acuerdo con el bárbaro, ni t*ú intentes convencernos ni nosotros nos dejaremos convencer"* (Heródoto, libro VIII, 143, citado en De Romilly, 1977). Escalofriante es la escena de Leonidas con sus trescientos. Esquilo declara también con el mismo orgullo en *Los persas*, que "los helenos no se llaman esclavos ni súbditos de ningún hombre" (1986, v. 242).

Tucídides, en el discurso atribuido a Pericles, compensa la idea de libertad con la ley: "En nuestras relaciones con el Estado vivimos como ciudadanos libres... un respetuoso temor es la principal causa de que no cometamos infracciones, porque prestamos obediencia a quienes suceden en el gobierno y a las leyes [...]" (1990, libro II, 37, 3). Y las leyes personificadas dicen que si algún ciudadano no está contento con ellas, le ofrecen salir de Atenas adonde mejor le plazca:

> [...] Todo ateniense puede, después de haber sido puesto en posesión de sus derechos cívicos, luego de haberse enterado de cuanto la vida pública le brinda y de cuanto nosotras, las leyes, le ofreceremos, salir de Atenas caso de que lo se seamos gratas y marchar con cuanto le pertenezca adonde mejor le plazca. Ninguna de nosotras se lo prohíbe. Ninguna impedimos a quienquiera que sea que no esté satisfecho de nosotras o del Estado, que vaya a establecerse a las colonias o al extranjero, es decir, de marcharse con lo que tenga a donde le acomode. Pero el que de vosotros se quede aquí, donde puede ver cómo administramos justicia y cómo dirigimos el timón del Estado, este entendemos que por ello mismo se compromete a obedecer nuestros mandatos, y en ese caso, afirmamos que si no lo hace es triplemente culpable desde el momento en que se revuelve contra nosotras, a quienes tanto debe, pues le hemos dado vida y educación, y puesto, que, habiéndose comprometido a obedecernos, no nos obedece ni procura corregirnos y mejorarnos si tal vez practicamos el error (De Romilly, 1977, p. 102).

Al comienzo de la comedia *Pluto,* de Aristófanes, cuando este dios, personificación de la riqueza, está ciego, encontramos el siguiente diálogo:

> Cremilo.- ¿Qué harías, si volvieras a ver de nuevo como antes? ¿Huirías en adelante de los malvados?
> Pluto.- Te lo aseguro.
> Gremilo.- ¿E irías a la casa de los justos?
> Pluto.- Si, por cierto; pues hace mucho tiempo que no los he visto.
> Gremilo.- Y no es de extrañar porque yo tampoco, aunque soy vidente (Aristófanes, 2007, *Pluto*, vv. 90-100).

Para Aristófanes, los malvados son, en un principio, los demagogos y sicofantas. Pero ahora son todos los ciudadanos los que han dejado de ser justos. El coro de Esquilo canta "ya llegó la Justicia" y Sófocles en *Electra* dice: "[...] está a punto de llegar la hacedora de presagios, la Justicia" (Sófocles, 1981, vv. 476-477). Eurípides, por su parte, expresa: "¡Venga la justicia manifiesta, venga armada de espada, para matar de un tajo en la garganta, al sin dios, sin ley, sin justicia [...]!" (1979, *Las bacantes*, vv. 993-995).

Tucídides se inspiró en la medicina para concebir la vida política y solicitar que los hombres políticos se convirtieran en "médicos" de la ciudad, velando como los médicos hipocráticos juraban hacerlo. "Piensa que desempeña un cargo con acierto quien presta los mayores servicios a su patria, o al menos, quien no la perjudica voluntariamente" (Tucídides, 1992, libro VI, 14).

Pues llegó la hora de arriesgar la vida por los valores verdaderos. Hay que preparar el alma de nuevo para obrar en cuerpos libres. El alma que nunca miente por estar sentada siempre al lado de la verdad, debe ser el modelo para el cuerpo, ya que solamente un cuerpo bello puede tener cavidad dentro de un alma bella y mente sana. Es claro, que un cuerpo debe ser fuerte para poder servir a un espíritu fuerte —el hombre no puede ser derrotado a causa de su frágil cuerpo—, pero de igual manera debe ser enaltecido su espíritu-*pneuma-πνεύμα*, algo que hace falta en los discursos y escritos contemporáneos.

Hay que volver a la Hélade, para responder las preguntas que hoy exigen respuesta, pero hay que entender que no se pueden confundir los problemas de los antiguos helenos con los problemas de nuestra época.

El mundo se humanizará cuando el hombre decida impregnarse de nuevo de las ideas y valores de la Hélade, o se autodestruirá para cambiar de página el rumbo de la humanidad, teniendo como única herencia lo que quedó en la caja de Pandora, la esperanza de que vendrá un nuevo amanecer para la especie humana.

En esta época biónica se hace más evidente la necesidad de invocar los valores diacrónicos de la Hélade para ayudar al hombre tecnológico a encontrar el camino hacia la libertad, la autonomía, el autoconocimiento, hacia el *ευ ζειν*-ef zin, "el bien vivir".

Llegamos ciertamente al final. Miremos otra vez hacia atrás ya que el pasado será nuestro futuro. Ahora que la vida del hombre se limitó dentro de la rigidez de su costra, llegó la hora de que el hombre dirija su mirada a la fuente, al inicio, para aprender y aprender de los sabios, como dijo el poeta Kavafis. Es un deber y una obligación del ser humano no dejar que el pasado se muera, porque el futuro se forja sobre los materiales de ayer; una civilización tiene cimientos fuertes solamente cuando está enraizada en la profunda conciencia de su pasado. El pasado no se puede reducir a una carga muerta de tradición; sin embargo no faltan quienes tamborilean la consigna "dejen que el pasado muerto entierre a sus muertos". Ellos odian el presente y por eso golpean el pasado y cada tipo de interés que gira hacia él.

Por más que queramos deshacernos del mundo helénico, porque nos huele a "viejo", tenemos que aceptar que los valores que han sostenido hasta hoy a la humanidad, han sido estipulados en la lengua griega. En esta lengua se palparon los cimientos verdaderos, éticos y estéticos del hombre civilizado. Por eso las generaciones sucesivas tuvieron que recurrir a esta lengua eterna y su pensamiento, para poder adquirir una educación esencial y aprender cómo vivir y porqué vivir.

Democracia, música, tragedia, filosofía, historia, poesía, teatro, atletismo, olimpismo, geometría y teología, son apenas algunas de las palabras a las que la lengua griega dio a luz y que después entregó como *herencia sagrada* a la humanidad. Es muy emocionante repasar en estos tiempos tan confusos aquellas frases que hoy día suenan cursis pero que en aquel pasado tenían que resonar en la conciencia de cada heleno: "cualquier hombre que comete injusticia y no sufre el castigo, le corresponde ser el más desgraciado de los hombres, y que siempre el que comete injusticia es más desgraciado que el que la sufre, y el que no recibe el castigo de su culpa más que el que lo recibe" (Platón, 1987, *Gorgias*, 479e), o "[...] ignoran cuánto mayor desgracia es vivir con el alma malsana, corrompida, injusta e impía, que vivir con el cuerpo enfermo. Por lo cual hacen todo lo posible para no pagar sus culpas y para no librarse del mayor mal, procurándose riquezas y amigos y tratando de hacerse lo más persuasivos en hablar (1987, *Gorgias*, 479c-d). En la *Apología* Platón dijo:

"[...] no es difícil, atenienses, evitar la muerte, es mucho más difícil evitar la maldad, en efecto, corre más de prisa que la muerte" (Platón, 1985, 39a-b).

¿Hasta qué punto ha llegado la degradación del alma del hombre moderno, y cuán débil es nuestro lenguaje hoy que nos cuesta profundizar en el significado de las palabras griegas, *gobierno, injusticia, democracia*? Nos resulta difícil entender lo que ellas señalan, porque nuestras palabras hoy se han vuelto, por abuso, impotentes, gastadas y vacías de significado, y por tanto inadecuadas para pensar con profundidad. Hoy no decimos nada trascendental y tampoco comunicamos, ya que nuestra comunicación se basa radicalmente en la desconfianza; la palabra hoy se limita a testimonios falsos, acomodados, y analiza apenas números para las estadísticas bancarias. Frases como: "el bien para el hombre consiste en actuar con excelencia" (*katá tin kratístin aretín*), están hace rato fuera de circulación y producen dolor de cabeza al tratar de entender su profundo contenido.

Pero ay de este mundo que ha envejecido sin haber entendido y asimilado el espíritu de la Hélade que en primer lugar enseñó al hombre mortal a ser dueño del conocimiento para alcanzar la libertad, porque solamente hombres libres pueden liberar a los pueblos. ¿Y qué enseñan los propósitos humanísticos de este siglo? Ser dueños de bancos para poder someter a todos los pueblos; ser tan solo un vientre lleno de dinero, anhelando vivir en paz, en nombre de la guerra. Enseñar es fácil para quien sabe, sin embargo es absurdo no empezar por aprender a pensar dentro de las instituciones del olvido que son los centros educativos actuales.

Hoy unos hábiles gobernantes hacen creer al mundo que la Hélade está agonizando. Sus enemigos aplauden con risa sardónica. Están contentos anunciando su muerte y se sienten dichosos preparando su sepulcro. La quieren ver muerta, porque elevó al hombre y le hizo libre, y precisamente eso es lo que temen los depredadores del globo terráqueo.

¡Pero cómo son de ligeros los espíritus de pretensiones efímeras, y ciegos los pensamientos humanos! Ignoran que la riqueza adornada de falsas virtudes, y la envidia unida a la injusticia, opacan la luz de la verdad. Buscan alcanzar la belleza mediante fórmulas artificiales, y se terminan pareciendo a aquellas estatuas, lindas por fuera, y huecas por dentro.

Si los mortales de hoy esperan que sus acciones queden ocultas ante la divinidad, se equivocan. Ninguna de las acciones ejecutadas por el hombre que atenta contra las leyes eternas, logra el olvido del infortunio. La farsa del paraíso multicultural que edificó el hombre moderno, tiene como verdadero propósito deshacer los pueblos. La crisis económica que está lastimando a la Hélade y muchos países europeos, es un montaje para estrangular lo que ha quedado de las economías nacionales. Quienes hablan de los créditos, de los intereses a la deuda, y se apoderan del capital de las naciones, pertenecen a la élite plutocrática trasnacional que no tiene ni dios ni ley.

Los helenos, durante siglos, han sobrevivido apoyándose solamente en su lengua y cultura porque la geografía y economía nunca han estado de su lado. ¿Cuál sería, mañana, nos preguntamos, el pueblo-máquina que arrastrará el resto de los vagones, cuál la supra-nación que conducirá el timón, y cuáles serán los nuevos bueyes que acoplarán el arado para abrir los nuevos surcos?, amanecerá y veremos.

La Hélade siempre ha preferido luchar que retroceder, guerrear que rendirse. Todos los pueblos, esperan vivir hoy, a su lado, la gran lucha del hombre para mantener intacta su dignidad ante la infamia y la mentira, ante el dinero y la manipulación de la historia.

La Hélade está llamada una vez más, a cambiar el ídolo enfermizo del nuevo milenio, con su *paideia,* la única que produjo hombres libres que buscaban en cada acto de su vida, la virtud, mientras que la formación de hoy, produce súbditos y repuestos aptos para el mecanismo de la economía del mundo actual, e idiotas especializados, *Fachidioten,* como dirían los alemanes. Es verdad que si hoy alguien preguntase a cualquier ciudadano, qué pretende hacer con su estudio, y este contestara, *alcanzar la virtud*, esa respuesta asustaría, porque parecería como si se estuviera escuchando a un delfín declamando a Borges en escandinavo.

La Hélade generosa por naturaleza, está llamada a ayudar una vez más a la humanidad a encontrar el camino hacia la luz y la libertad. Tiene un planeta, una vida y valores para defender. Puede ser que Alemania levante hoy el dedo acusador en su contra: "estas muerta, no existes, no nos interesas, en Europa todo fluye mejor sin ti", pero toda Europa que hoy sacuden, por tener además nombre griego, se forjó sobre sus valores, y no sobre los créditos. La Hélade misma aceptó que Europa fuera edificada sobre sus hombros, y muy pronto volverá seguramente donde ella, buscando que la ilumine de nuevo con su luz y la alimente con su espíritu, cuando los dueños de los bancos la hayan dejado totalmente desangrada y anémica.

La Hélade está llamada a luchar una vez más, por configurar las nuevas condiciones de vida y cambiar el desespero por esperanza y bienestar, con base no en los créditos, sino en sus fuerzas inagotables. Lo que le pasa hoy a la Hélade, y a Europa, es una oportunidad para que el mundo entero conozca la verdad. La Europa de la economía, al querer formar un nuevo paradigma, en su afán por atacar al país que parecía ser el más indefenso en la Eurozona, dejó caer su máscara, y se vio la fuerza del dinero que salió a amenazar a los pueblos con desaparecerlos.

Aristófanes, siglos atrás, escribió en *Los caballeros*: "A ti [Alemania] te pasa como a los que pescan anguilas. Mientras la laguna está en calma no agarran [los políticos] ni una, pero en cuanto remueven el cieno arriba y abajo, la pesca es buena" (Aristófanes, 2007, vv. 876-879). Y ahora se entiende mejor el objetivo de la agitación. "Y lo mismo tú que haces tus capturas cuando pones a la ciudad [el país] patas arriba" (vv. 879-880).

Alemania fue el país que por cierto más provecho sacó de la agitación que generó en la Hélade, llenando rápidamente sus arcas vacías, antes que el pueblo alemán se diera cuenta de ello y entrara en pánico; Grecia fue el chivo expiatorio para esta operación infame, y el pueblo heleno, el receptáculo de hostilidades de la "Europa civilizada", hasta que por fin la gente pensante del globo terráqueo pudo "entrever" la nueva forma de "exterminio" de los pueblos que se estaba llevando a cabo detrás de las bambalinas. Es supremamente sospechoso que los "dueños" del planeta Tierra hubieran puesto en primera fila a Grecia, luego a Italia, España, Portugal, y curiosamente a Irlanda, como si los economistas de dichos países no fueran capaces de llevar adelante las economías de sus propios pueblos; es probable que ellos nunca llegaron a sospechar los verdaderos alcances de las teorías económicas de los Premio Nobel, Krugman y Friedman.

Los "pensadores" de este planeta consideran hace rato al hombre moderno inepto para pensar por sí mismo —para eso están ellos—, y al creerlo una bestia, lo calificaron apto apenas para trabajar veinticuatro horas al día. Eso naturalmente condujo al hombre a no tener un minuto libre para pensar en su vida, en lo que está pasando a su alrededor y, por ende, captar las intenciones del nuevo orden del mundo que puso en marcha su plan macabro, de acabar primero con ciertos países de Europa, y mañana, seguir con el resto de los países, "borrando" poco a poco su cultura, su identidad y memoria. Han puesto a la Hélade de "delantera" para que fuera "atacada" de primera, por ser indudablemente la cultura que sostuvo durante milenios al hombre de pie, y no al sistema bancario; luego a Italia, como hija de la cultura Grecorromana, a España y Portugal, por haber dejado, para mal o para bien, miles de páginas escritas en la historia universal, e Irlanda, por ser la sucesora de los celtas. No es ninguna casualidad que hayan escogido estos países, y no otros. El plan trazado fue bien pensado y aplicado, valiéndose en cada país de sus "idiotas útiles", listos para cumplir órdenes bajo cualquier precio.

¿Por qué no tocó una sola emisora radial, o un solo canal de televisión, a lo largo de la tal crisis, el aspecto cultural? ¿Será porque a ninguno de los tantos periodistas contratados para informar sobre la crisis europea, le haya atravesado por la mente que el trasfondo de la crisis pudiera ser cultural, y no económico?, ¿o porque tenían simple y llanamente la orden de ignorar este punto para no alborotar más el avispero? La tal crisis europea apareció de la noche a la mañana, y desde que apareció, los medios de comunicación no han hecho más que inyectar terror y miedo en cada habitante de la Hélade y de Europa. Como la historia se repite, a Argentina, muy atractiva en términos geopolíticos, le siguió Grecia, igual muy apetecible, y le tocó esta vez a ella "sacar la culebra de su guarida", entreteniendo durante meses a los periódicos del mundo y exponiéndose a los comentarios malévolos de los "expertos". Pareciera que todos los periodistas "se alimentaran" al repetir cada noticia "terrorífica" sobre Grecia. Pero hay un proverbio que dice: "el que escupe para arriba, en la cara le ha de caer". Los países que creen estar hoy lejos de esta crisis y se santiguan por haber estado a salvo, mañana, podrían enfrentar perfectamente las mismas circunstancias, porque este plan maquiavélico al parecer tiene en mira muchos más países, fuera de Europa. Se está viviendo a diario.

La Europa "unida", dizque hermanada, sacó sus uñas e hirió con todas las ganas la dignidad del pueblo heleno y se burló de su cultura milenaria. Si cada país ridiculiza lo propio, eso nos deja sin cuidado, pero es insólito que Alemania tuviera el descaro de humillar a Grecia, cuando ella nunca la ha podido superar, ni en la medicina, ni en la poesía, ni en las matemáticas, ni en su sol y, aún menos, en su hospitalidad. Que muestre Alemania, con orgullo, al mundo, un Fidias, entre los tantos grandes de su historia, una Venus esculpida por un hijo de ella, un Partenón hecho en territorio de ella. Los que visitan las ciudades alemanas, admiran la arquitectura griega que las decora, y el arte griego que saluda orgullosamente a los visitantes de sus museos y gliptotecas. La única escultura emblemática de Alemania, el muro de Berlín, monumento de vergüenza, hoy demolido, para no tener que recordar desgracias. Más allá de su territorio, innumerables cementerios empantanados de sangre de almas, que han dejado su último suspiro, pisadas por la "bota" hitleriana.

Alemania exige que Grecia cancele su deuda. Pero ella jamás pagó a la Hélade en esos 80 años trascurridos lo que le debía en reparaciones por la Segunda Guerra Mundial, y tampoco le devolvió sus inigualables esculturas junto con las millonarias sumas recaudadas, al ser visitadas por miles y millones de personas en el Museo de Pérgamo de Berlín, en el Altes Museum de Berlín, en la Colección Estatal de Antigüedades de Munich. Y no solamente Alemania, tienen que devolverle sus esculturas, únicas en el mundo, junto con los millones de euros y dólares captados durante siglos, también el Museo Británico, los Museos del Vaticano y Capitolio en Roma, el Museo del Louvre en París, el Museo de Historia del Arte de Viena, el Museo de Bellas Artes de Boston, el Museo Arqueológico de Constantinopla, el Museo Metropolitano de Nueva York, el Museo de la Magna Grecia, el Hermitage de San Petersburgo, y muchos más.

Todos, sin excepción alguna, se han enriquecido a costillas de la Hélade, usurpando su cultura y sacando pecho por algo que nunca les perteneció. ¿Preguntamos al mundo, dónde están las leyes? ¿Acaso los vocablos, *deuda*, *Justicia* y *reembolso* no significan lo mismo en todas las lenguas del mundo?

Referencias

Aristófanes (1993). *Comedias III*. Introducción, traducción y notas de Luis M. Macía Aparicio. Madrid: Clásicas.

Bernal Pieto, F. (1995). *Historia de la Filosofía I, Grecia-Roma*. Santafé de Bogotá: Facultad de Ciencias Sociales y Humanas de Unisur.

_________ (2007). *Comedias I y III*. Introducciones, traducción y notas de Luis M. Macía Aparicio. Madrid, Gredos.

Castillo Didier, Miquel. (1983). *Kavafis. Toda su poesía*. Caracas: Talleres Tipográficos de Miguel Ángel García e Hijo.

De Romilly, J. (1977). *¿Por qué Grecia?* Madrid: Debate.

Diels, H. (1906). *Die Fragmente der Vorsokratiker*. Weidmannsche Buchhandlung.

Esquilo (1986). *Tragedias*. Traducción y notas de Bernardo Perea Morales. Madrid: Gredos.

Eurípides (1979). *Tragedias III*. Introducciones, traducción y notas de Carlos García Gual y Luis Alberto de Cuenca y Prado. Madrid: Gredos.

_________ (1991). *Tragedias I*. Madrid, Gredos. Introducción, traducción y notas de Alberto Medina González y Juan Antonio López Férez.

_________ (1985). *Tragedias II*. Introducciones, traducción y notas de José Luis Calvo Martínez. Madrid: Gredos.

_________ (1997). *Tragedias III*. Introducciones, traducción y notas de Carlos García Gual y Luis Alberto de Cuenca y Prado. Madrid: Gredos.

Focus Magazin (2010). "Betrüger in der Euro-Familie", No. 8.

Heródoto (1977). *Historia. Libro I*. Traducción y notas de Carlos Schrader. Madrid: Gredos.

Homero (1923). *Ilíada*. Bremen, Eduard Schwartz. (v. I 593).

Isócrates (1980). *Discursos II*. Traducción, introducciones y notas de Juan Manuel Guzmán Hermida. Madrid: Gredos.

Barceló, J. (2004-2005). "Ernesto Grassi y el concepto de humanismo". *Cuadernos sobre Vico* (17-18), p. 346.

Maehler, H. (1975.) *Pindari carmina cum fragmentis*. Pt. 2, 4th edn. Leipzig: Teubner.

Menandro (1999). *Sentencias*. Introducciones, traducción y notas de Rosa M. Mariño Sanchez-Elvira y Fernando García Romero. Madrid, Gredos.

Platón (1985). *Diálogos I*. Traducción, introducción y notas de J. Calonge. Madrid: Gredos.

________ (1987). *Diálogos II*. Traducción, introducción y notas de J. Calonge. Madrid, Gredos.

Sófocles (1981). *Tragedias*. Traducción y notas de Assela Alamillo. Madrid: Gredos.

Tucídides (1990). *Historia de la guerra del Peloponeso. Libros I-II*. Traducción y notas de Juan José Torres Esbarranch. Madrid, Gredos.

________ (1992). *Historia de la guerra del Peloponeso. Libros V-VI*. Traducción y notas de Juán José Torres Esbarranch. Madrid: Gredos.

Brasil es parte del caribe cultural. La literatura del nordeste y la tropicología de Gilberto Freyre

Alessandro Candeas*

En una ponencia en Panamá, en el año 1995, Gabo comenta: "A propósito del Caribe, creo que su área está mal determinada, porque en realidad no debería ser geográfica sino cultural. Debería empezar en el sur de los Estados Unidos y extenderse hasta el norte de Brasil" (García Márquez, 2010).

Gabo propone, así, un Caribe cultural más allá de las fronteras geográficas y políticas. Lo llama "congregación del realismo mágico".

¿Qué sería un Caribe cultural? ¿Brasil sería parte de ese Caribe? En un intento de contestar esas preguntas, caben algunas asociaciones entre las literaturas de Brasil y Colombia.

Cien Años de Soledad puede ser más fácilmente comprendido por un lector de una pequeña ciudad costeña del Nordeste de Brasil que por un lector cachaco. Macondo podría ubicarse en Bahía. Un barranquillero podrá identificarse más fácilmente con personajes y temas de Jorge Amado que un gaucho brasileño.

Florentino Ariza (*El amor en los tiempos del cólera*) podría haber tenido romances tórridos con *Doña Flor* o con *Gabriela Cravo e Canela* (Jorge Amado) mientras esperaba, por cincuenta años, por Fermina Daza.

Las pandillas de los *Capitães de Areia* (Jorge Amado) podrían haberse formado en la periferia de Cartagena.

El cacao, tan presente en la literatura de Bahía, es originario de la Amazonía colombiana. Los romances épicos de Jorge Amado, *Terras do Sem Fim* y *São Jorge dos Ilhéus*,

* Diplomático de carrera, Ministro Consejero de la Embajada de Brasil en Colombia.

tratan de la expansión del cacao en un ambiente socioeconómico muy semejante al de otros monocultivos caribeños.

El *Menino de Engenho* (José Lins do Rêgo) se sentiría en su casa en los cañaduzales del Valle del Cauca. Lo mismo podría ocurrir con los personajes de *Usina*, que retrata las transformaciones socioeconómicas del ciclo del azúcar.

Iracema (Libro de José de Alencar) es prima distante de los indios caraíbas. El paisaje del litoral de Ceará es muy parecido a La Guajira. La descripción de ese paisaje en las primeras líneas de *Iracema* podría muy bien aplicarse al Caribe: "Verdes mares agitados de mi tierra natal, donde canta el pájaro en las frondas de la carnauba; verdes mares que brillas como la esmeralda líquida a lo largo de las playas sombreadas de coqueros".

Esas ilustraciones apuntan a la hipótesis de que sí, Brasil es parte del Caribe cultural. La llamada literatura regionalista del nordeste del romanticismo-indigenista (José de Alencar) y del modernismo (José Lins do Rêgo, Jorge Amado) permite sostener esa tesis, puesto que registra elementos caribeños bien presentes en Brasil: playas paradisíacas, calor, monocultivos de azúcar y cacao, diáspora africana. El humor costeño, la alegría y la sensualidad caribeñas no son extranjeros en nuestro país.

Esa dimensión caribeña de Brasil, presente en la literatura, se fundamenta en elementos étnicos, culturales, históricos y geográficos.

En la esfera étnica, compartimos la riqueza y la complejidad de diversidad de aportes: blancos europeos, indígenas, semitas y una fuerte presencia negra, con importante mezcla entre razas. Y colonos y comerciantes ibéricos, casi todos portugueses, pero también con presencia histórica de holandeses y, en menor grado, franceses e ingleses; indios que vinieron del Norte de Sudamérica y se expandieron en el litoral norte del Brasil, y millones de africanos traídos como esclavos.

En el campo cultural, Brasil comparte una rica mezcla de aportes de todos esos grupos. Adelante voy a referirme a ello, pero quisiera por el momento mencionar elementos de la lengua portuguesa en el Caribe. El caso del papiamento es bien conocido. *Papear* o *bater um papo* significa charlar, en portugués coloquial. *Bon dia! Bon tardi! Kon bai? Kon ta ku vida? Mi ta bon. Pasa un bon dia. Kuanto esaki ta kosta? Ban kome!* Claro que no es el portugués de la Academia Brasileña de Letras, pero se acerca mucho al portugués hablado por ancianos negros del interior del Brasil. Ahora descubrimos que comunidades afrocolombianas también guardan elementos de la lengua portuguesa.

En el campo de la geografía, Brasil tiene centenas de kilómetros de litoral al norte del Ecuador —la costa del Amapá y la desembocadura del Amazonas— que son continuidad ecológica de las costas de Colombia hasta la Guyana Francesa. La costa del norte-nordeste —desde Maranhão hasta Bahía— contiene muchos de los mismos elementos ambientales y paisajes humanos.

Otro elemento clave es la historia. La colonización económica y la migración forzada africana hacia el Caribe están marcadas por el proceso de expansión y crisis del ciclo mundial del azúcar, del cual Brasil es protagonista. A mediados del siglo XVII, los holandeses fueron expulsados del nordeste de Brasil, sobre todo de Recife, y la Compañía de Indias Occidentales empezó a ocupar e invertir en la producción de azúcar en el Caribe, llevando expertos y técnicas desarrolladas en Brasil. En la Sinagoga de Curaçao (que quiere decir *curação*, sanidad),[1] hasta el siglo XIX la lengua portuguesa de los judíos brasileño-holandeses era corriente en los oficios religiosos.

La expansión hacia el Caribe del ciclo del azúcar representa la diversificación de la economía de la región. No se trata solamente de la extracción y piratería del oro y esmeraldas de Colombia, para el enriquecimiento de la metrópoli ibérica y de los reinos europeos que financiaban a los corsarios —que eran piratas con *badges* oficiales—, sino también de creación de riqueza a partir de la agricultura tropical de exportación.

El Caribe es, antes de todo, trópico, en el sentido sociocultural, histórico y ambiental amplio que le atribuye Gilberto Freyre, el gran sociólogo y antropólogo brasileño. Los elementos de continuidad sociocultural del trópico caribeño son evidentes en los campos de las mentalidades y de la cultura material, en el sentido de Fernand Braudel, así como de su formación étnica.

En el plano de las mentalidades, compartimos la valoración de un clima cálido, la alegría, las representaciones del paraíso (nuestro Edén es una playa, no un jardín), los placeres de los sentidos, códigos, valores y visiones sobre familia y sociedad, el tiempo lento, calmado, sin prisa, en fin, la vida feliz en su sencillez.

En el campo de la cultura material compartimos las playas y bosques, el monocultivo, los alimentos y grandes semejanzas en la música, las vestimentas, las habitaciones, la sencillez de los muebles, incluyendo la hamaca y, lamentablemente, niveles más bajos de desarrollo.

[1] La isla heredó ese nombre portugués: "Ilha da curação", o "isla de la sanidad" (*curar*: sanar), puesto que navegadores portugueses allí dejaban tripulantes que sufrían de escorbuto; meses después, probablemente después de haber comido frutos cítricos que hacían parte de la dieta indígena, ellos se curaban y volvían a navegar. *Curação* se volvió Curaçao o Curazao.

Gilberto Freyre hizo una contribución estructurante en la reflexión sobre el trópico, aplicando sus aportes teóricos al tema Caribe. Si se acepta la pertenencia de Brasil al Caribe cultural, en el Caribe convergen lo que Freyre llamaba civilizaciones *lusotropical* e *hispanotropical* —sin perder de vista, naturalmente, la presencia británica, francesa y holandesa—.

Freyre dedicó su carrera intelectual a un objetivo: la rehabilitación del trópico. La identidad nacional de Brasil tiene la huella de su contribución académica. Gracias a él Brasil se dio cuenta de los componentes basilares de su formación: en un momento histórico en el cual la *intelligentzia* europeizada cuestionaba la existencia misma de la nación y apuntaba a un futuro catastrófico por la existencia de lo que consideraba razas inferiores, Freyre, apoyado en el culturalismo de Franz Boas, pone la cultura y la ecología en el centro del debate y anuncia que Brasil significa interpenetración de razas y culturas en el trópico.

Freyre fortaleció nuestra autoconfianza, rechazando nuestro complejo de inferioridad y valorando los aportes de comunidades consideradas inferiores —negros, indígenas, mezclados—. El negro africano, sobre todo, es alzado al nivel de co-colonizador en el mismo grado de importancia que el blanco portugués.

De esa forma, Freyre se aleja de la tendencia tan común en latinoamérica —la copia de ideas importadas, listas para consumo como superiores, sin lectura crítica— y defiende un pensamiento genuinamente nacional. Critica, así, los procesos de desarrollo miméticos traídos de Europa y Estados Unidos, y sostiene que el desarrollo sostenible de Brasil exige la combinación de aportes europeos, africanos y amerindios. Su sueño: Brasil como civilización tropical moderna.

Freyre también rechaza la homogeneización de la cultura material —patrones de consumo, vestimenta, ocio y alimentación— en detrimento de las singularidades tropicales. Él defiende que los países tropicales sean creadores y difusores de cultura, y no imitadores. Eso exige, por ejemplo, valorar el saber y las prácticas tradicionales, principalmente en las áreas de agronomía, medicina y farmacología, capaces de producir progresos científicos.

Volviendo a la literatura, las escuelas del realismo y del naturalismo en Brasil absorbieron la visión científica pesimista en relación con el trópico, lo que también se manifestó en el modernismo. Esas corrientes subrayaron la agresividad del medio ambiente tropical, en particular el fenómeno de la sequía en el interior del Nordeste, que definitivamente no es Caribe.

Por otro lado, las escuelas del romanticismo y también del modernismo contribuyeron a formar una visión muy positiva del trópico brasileño. En el romanticismo, que es fundamental para la afirmación de nuestra identidad nacional, la primacía de los sentidos y de las emociones lleva a la exaltación de la belleza de una naturaleza idealizada. Ya el modernismo de Jorge Amado es muy caribeño en su énfasis en los aspectos pintoresco, colorido, alegre, dramático y sensual de Bahia.

Gilberto Freyre pertenece al modernismo en una fase importantísima de la reflexión sobre nuestra historia política y social —los años 1930—. Sus obras maestras, clásicos de la formación de nuestro pensamiento nacional, son *Casa-Grande e Senzala, Sobrados e Mucambos* y *Nordeste*.

Elemento interesante del aporte teórico de Freyre sobre el trópico brasileño es el equilibrio de antagonismos, o sea, la búsqueda permanente de conciliación de diferencias. Del equilibrio de antagonismos resultan la miscegenación genética y cultural, la movilidad social y la tolerancia moral y religiosa.

Otra contribución muy importante de Freyre es analizar el trópico brasileño a partir de la cultura material: producción, consumo, vestimenta, arquitectura.

Brasil y los países caribeños se especializaron en la producción de géneros superfluos, que Fernand Braudel llama "nuevos lujos" de Europa: café, azúcar, cacao, tabaco, alcohol.

Para Freyre, el arte de la culinaria es una pieza de resistencia de toda civilización, hace parte de las bellas artes, uno de los elementos que más extrañamos (*saudade*) cuando estamos fuera de nuestro país. El sociólogo comenta que cuando pasea en las mañanas de domingo por los barrios de Recife y huele los platos típicos, y después almuerza un *cozido* o un pescado en salsa de coco, su alma siente más confianza en el futuro de Brasil que cuando escucha el himno nacional.

Gabo también, cuando estaba en Europa, sentía *saudade* del olor a guayabas. Basta ir a un Surtifruver para darse cuenta de la riqueza de frutas y verduras tropicales que tenemos en Colombia, Brasil y otras naciones caribeñas. Con pocas variaciones, la mayoría de nuestros alimentos son idénticos: porotos, arroz, papas, ñames, yucas, maíz, piña, papaya, guayaba, coco, bananos y plátanos, mandarinas, cacao, guanábana...

En el campo de la arquitectura, las casas rústicas hechas de madera, paja y arcilla revelan la mezcla de culturas: la forma europea, los materiales indígenas. Las llamamos casas de *taipa* y *mocambos*, y las vemos a lo largo de todo el Caribe. Gilberto Freyre elogia los *mocambos*, que considera "habitaciones vegetales" en continuidad con el medio ambiente, y propone que los arquitectos construyan *mocambos* modernos y confortables.

Freyre propone el lanzamiento de una tropicología: una síntesis de las ciencias volcadas hacia el trópico, un conjunto sistematizado de conocimientos prácticos que podrían expresarse de manera lingüística, artística y literaria; estudios transdisciplinarios de historia, ecología, antropología, sociología, medicina, arquitectura y urbanización. Otros elementos de la tropicología son: la necesidad de un modelo original de desarrollo, la simbiosis e integración de culturas, el regionalismo como modelo de organización transnacional.[2]

Cabrían tres conclusiones de los comentarios hechos arriba:

a) Elementos comunes hacen posible hablar de un Caribe sociocultural, que puede abrir nuevas relaciones y diálogos, incluyendo a Brasil, en una "congregación del realismo mágico", como propone Gabo.
b) El sueño de Gilberto Freyre —Brasil como civilización tropical moderna— también se aplica al Caribe, que tiene enorme potencial de desarrollo humano ecológicamente sostenible.
c) La elección del realismo mágico para la nueva imagen de Colombia en el exterior implica el fortalecimiento de la contribución del Caribe en su propia identidad nacional: una Colombia quizás un poco menos hegemónicamente andina, fría, y más calurosa, más alegre, más abierta y más confiada en su futuro.

Referencia

García Márquez, G. (2010). "América Latina existe". *Yo no vengo a decir un discurso.* Bogotá: Mondadori, p. 92. Ponencia realizada en Contadora, Panamá, el 28 de marzo de 1995.

[2] Así se forma el Seminario de Tropicología, que, desde 1966, se reúne todos los años en Recife.

Los autores

Alessandro Candeas
Diplomático de carrera, Ministro Consejero de la Embajada de Brasil en Colombia.

Georgia Kaltsidou
Poetiza griega condecorada desde 2008 por el gobierno de Grecia como Embajadora del Helenismo.

Juan Nicolás Garzón Acosta
Internacionalista de la Universidad del Rosario, especialista en Economía de la Universidad de Los Andes. Profesor titular de las materias Economía Política Internacional y Crítica de la Economía Política.

Mario Iván Urueña Sánchez
Profesor de las universidades del Rosario, La Sabana y Gran Colombia. Candidato a doctor en Ciencia Política de la Universidad de Quebec, en Montreal (Canadá). Magíster en Geopolítica y Seguridad Global de la Universidad de Roma "La Sapienza" (Italia). Politólogo de la Universidad Nacional de Colombia. Experto en temas de seguridad, geopolítica y relaciones internacionales.

Massimo Di Ricco
Doctorado en Estudios Culturales Mediterráneos por la Universidad de Tarragona, ha sido investigador en la Universidad Americana de Beirut (Líbano) y en la organización Egyptian Initiative for Personal Rights (EIPR). Corresponsal de varios medios italianos y españoles desde Beirut y El Cairo. Profesor del Departamento de Historia y Ciencias Sociales de la Universidad del Norte, Barranquilla.

Mauricio Jaramillo Jassir
Internacionalista de la Universidad del Rosario. Magíster en Geopolítica de la Universidad París 8, y en Seguridad Internacional de la Universidad de Toulouse (Francia). Aspirante a doctor en Ciencia Política en la Universidad de Ciencias Sociales de Toulouse. Profesor del Centro de Estudios Políticos e Internacionales de la Universidad del Rosario.

Mehmet Özkan
Politólogo, doctor en Relaciones Internacionales. Director del International Center for Terrorism and Transnational Crime (Utsam) en la Turkish National Police Academy, e investigador principal en la Foundation for Political, Global and Social Research (SETA, por sus siglas en turco) en Ankara (Turquía).

Ricardo Alberto Baquero Hernández
Internacionalista de la Universidad del Rosario. Magíster en Política y Diplomacia China de la Universidad de Fudan, en Shanghai (China). Profesor de las facultades de Ciencia Política y Gobierno y de Relaciones Internacionales de la Universidad del Rosario.

Este libro fue compuesto en caracteres Garamond Premier
Pro 11,5 puntos, impreso sobre papel propal de 70 gramos
y encuadernado con método *Hot Melt*,
en noviembre de 2015,
en Bogotá D. C., Colombia

Made in the USA
Monee, IL
12 November 2026

68341132R00092